小白马

丰子恺

给孩子的阅读写作课

记事卷

丰子恺 著绘

张伟锋 点评

百花洲文艺出版社
BAIHUAZHOU LITERATURE AND ART PRESS

图书在版编目（CIP）数据

丰子恺给孩子的阅读写作课. 记事卷 / 丰子恺著绘；
张伟锋点评. — 南昌：百花洲文艺出版社，2021.6（2021.9 重印）
ISBN 978-7-5500-4232-2

Ⅰ. ①丰… Ⅱ. ①丰… ②张… Ⅲ. ①阅读课－中小
学－教学参考资料②作文课－中小学－教学参考资料
Ⅳ. ① G634.303

中国版本图书馆 CIP 数据核字（2021）第 069671 号

豐子愷漫畫

© T.K. HERITAGE

丰子恺版权所有：子恺传承（上海）文化发展有限公司
丰子恺版权总代理：上海乐标文化传播有限公司

丰子恺给孩子的阅读写作课·记事卷
FENG ZIKAI GEI HAIZI DE YUEDU XIEZUO KE ·JISHI JUAN

丰子恺 著绘 张伟锋 点评

出 版 人	章华荣
出 品 人	李国靖
特约监制	陈美珍
责任编辑	黄文尹
特约策划	马月敏
特约编辑	马月敏
封面设计	80圕·小贾
版式设计	赵梦菲
出版发行	百花洲文艺出版社
社　　址	南昌市红谷滩区世贸路 898 号博能中心Ⅰ期 A 座 20 楼
邮　　编	330038
经　　销	全国新华书店
印　　刷	北京雅图新世纪印刷科技有限公司
开　　本	880mm×1230mm　1/32
印　　张	8
字　　数	146 千字
版　　次	2021 年 6 月第 1 版　2021 年 9 月第 2 次印刷
书　　号	ISBN 978-7-5500-4232-2
定　　价	42.00 元

赣版权登记：05-2021-157
版权所有，侵权必究
发行电话　0791-86895108　　　网　址　http://www.bhzwy.com
图书若有印装错误，影响阅读，可向承印厂联系调换。

目录
Contents

妹妹新娘子　弟弟新官人　姊姊做媒人

华瞻的日记

【题注】本篇曾载 1927 年 6 月 10 日《小说月报》第 18 卷第 6 号。

编者注：本书丰子恺文章皆选自《丰子恺文集》。因本书读者对象主要为青少年，所以书中一些字词用法按照现在的要求进行了修改，比如"的""得""地"的用法；其他与年代有关的语言表述，则做了保留。

一

隔壁二十三号里的郑德菱，这人真好！今天妈妈抱我到门口，我看见她在水门汀上骑竹马。她对我一笑，我分明看出这一笑是叫我去一同骑竹马的意思。我立刻还她一笑，表示我极愿意，就从母亲怀里走下来，和她一同骑竹马了。两人同骑一枝竹马，我想转弯了，她也同意；我想走远一点，她也欢喜；她说让马儿吃点草，我也高兴；她说把马儿系在冬青上，我也觉得有理。我们真是同志和朋友！兴味正好的时候，妈妈出来拉住我的手，叫我去吃饭。我说："不高兴。"妈妈说："郑德菱也要去吃饭了！"果然郑德菱的哥哥叫着"德菱！"也走出来拉住郑德菱的手去了。我只得跟了妈妈进去。当我们将走进各自的门口的时候，她回头向我一看，我也回头向她一看，各自进去，不见了。

🍒 开篇点明时间、地点、人物，以及事情发生的起因、经过和结局。选取儿童典型的游戏——竹马，唤醒

我实在无心吃饭。我晓得她一定也无心吃饭。不然，何以分别的
时候她不对我笑，而且脸上很不高兴呢？我同她在一块，真是说不出
的有趣。吃饭何必急急？即使要吃，尽可在空的时候吃。其实照我想
来，像我们这样的同志，天天在一块吃饭，在一块睡觉，多好呢？何
必分作两家？即使要分作两家，反正爸爸同郑德菱的爸爸很要好，妈
妈也同郑德菱的妈妈常常谈笑，尽可你们大人作一块，我们小孩子作
一块，不更好吗？

这"家"的分配法，不知是谁定的，真是无理之极了。想来总
是大人们弄出来的。大人们的无理，近来我常常感到，不止这一端：
那一天爸爸同我到先施公司去，我看见地上放着许多小汽车、小脚

郎骑竹马来

踏车，这分明是我们小孩子用的；但是爸爸一定不肯给我拿一部回家，让它许多空摆在那里。回来的时候，我看见许多汽车停在路旁；我要坐，爸爸一定不给我坐，让它们空停在路旁。又有一次，娘姨抱我到街里去，一个掮着许多小花篮的老太婆，口中吹着笛子，手里拿着一只小花篮，向我看，把手中的花篮递给我；然而娘姨一定不要，急忙抱我走开去。这种小花篮，原是小孩子玩的，况且那老太婆明明表示愿意给我，娘姨何以一定叫我不要接呢？娘姨也无理，这大概是爸爸教她的。

由上文与小伙伴玩耍被大人喊回家吃饭的不满意，联想到大人之前的种种"无理"。

我最欢喜郑德菱。她同我站在地上一样高，走路也一样快，心情志趣都完全投合。宝姐姐或郑德菱的哥哥，有些不近情的态度，我看他们不懂。大概是他们身体长大，稍近于大人，所以心情也稍像大人的无理了。宝姐姐常常要说我"痴"。我对爸爸说，要天不下雨，好让郑德菱出来，宝姐姐就用指点着我，说："瞻瞻痴！"怎么叫"痴"？你每天不来同我玩耍，夹了书包到学校里去，难道不是"痴"吗？爸爸整天坐在桌子前，在文章格子上一格一格地填字，难道不是"痴"吗？天下雨，不能出去玩，不是讨厌的吗？

我要天不要下雨，正是近情合理的要求。我每天晚快听见你要爸爸开电灯，爸爸给你开了，满房间就明亮；现在我也要爸爸叫天不下雨，爸爸给我做了，晴天岂不也爽快呢？你何以说我"痴"？郑德菱的哥哥虽然没有说我什么，然而我总讨厌他。我们玩耍的时候，他常常板起脸，来拉郑德菱，说"赤了脚到人家家里，不怕难为情！"又说"吃人家的面包，不怕难为情！"立刻拉了她去。"难为情"是大人们惯说的话，大人们常常不怕厌气，端坐在椅子里，点头，弯腰，说什么"请，请""对不起""难为情"一类的无聊的话。他们都有点像大人了！

🍒 独白式的叙述方式，列举了生活中的种种大人做事的方式来反面衬托郑德菱与我志趣相投，选材真实自然。"瞻瞻痴！""赤了脚到人家家里，不怕难为情！"又说"吃人家的面包，不怕难为情！"是语言描写，模仿各人的神态语气，生动形象。

啊！我很少知己！我很寂寞！母亲常常说我"会哭"，我哪得不哭呢？

🍒 直抒胸臆，点明"我"视郑德菱为知己的原因，只因大人们无法懂"我"的内心。

德菱小妹妹之像
丁卯寒食子愷畫.

德菱小妹妹之像

二

今天我看见一种奇怪的现状：

吃过糖粥，妈妈抱我走到吃饭间里的时候，我看见爸爸身上披一块大白布，垂头丧气地朝外坐在椅子上，一个穿黑长衫的麻脸的陌生人，拿一把闪亮的小刀，竟在爸爸后头颈里用劲地割。啊哟！这是何等奇怪的现状！大人们的所为，真是越看越稀奇了！爸爸何以甘心被这麻脸的陌生人割呢？痛不痛呢？

开头点明事情的起因，从儿童的视角来观察生活现象——理发，有趣！"大白布""黑长衫"两种颜色形成鲜明的对比，更为"惊悚"。"垂头丧气地""用劲地"等副词真实地再现了理发现场人们的神态。

更可怪的，妈妈抱我走到吃饭间里的时候，她明明也看见这爸爸被割的骇人的现状。然而她竟毫不介意，同没有看见一样。宝姐姐夹了书包从天井里走进来，我想她见了一定要哭。谁知她只叫一声"爸爸"，向那可怕的麻子一看，就全不经意地到房间里去挂书包了。前天爸爸自己把手指割开了，他不是大叫"妈妈"，立刻去拿棉花和纱布来吗？今天这可怕的麻子咬紧了牙齿割爸爸的头，何以妈妈和宝姐姐都不管呢？我真不解了。可恶的，是那麻子。他耳朵上还夹着一支香烟，同爸爸夹铅笔一样。他一定是没有铅笔的人，一定是坏人。

🍒 本段写事情的经过——理发过程中，旁人对爸爸理发毫不在意的态度和"我"的态度形成对比。"他耳朵上还夹着一支香烟，同爸爸夹铅笔一样。他一定是没有铅笔的人，一定是坏人。"细节描写和心理描写相结合，把"我"对理发师的不信任展露无疑。

后来爸爸挺起眼睛叫我："华瞻，你也来剃头，好否？"

爸爸叫过之后，那麻子就抬起头来，向我一看，露出一颗闪亮的金牙齿来。我不懂爸爸的话是什么意思，我真怕极了。我忍不住抱住妈妈的项颈而哭了。这时候妈妈、爸爸和那个麻子说了许多话，我都听不清楚，又不懂。只听见"剃头""剃头"，不知是什么意思。我哭了，妈妈就抱我由天井里走出门外。走到门边的时候，我偷眼向里边一望，从窗缝窥见那麻子又咬紧牙齿，在割爸爸的耳朵了。

🍒 该段写事件发展的高潮——爸妈竟让可怕的剃头师给"我"剃头，吓得"我"大哭。"那麻子就抬起头来，向我一看，露出一颗闪亮的金牙齿来。""我偷眼向

挖耳朵

门外有学生在抛球，有兵在体操，有火车开过。妈妈叫我不要
哭，叫我看火车。我悬念着门内的怪事，没心情去看风景，只是凭
在妈妈的肩上。

我恨那麻子，这一定不是好人。我想对妈妈说，拿棒去打他。
然而我终于不说。因为据我的经验，大人们的意见往往与我相左。
他们往往不讲道理，硬要我吃最不好吃的"药"，硬要我做最难当
的"洗脸"，或坚不许我弄最有趣的水，最好看的火。今天的怪事，
他们对之都漠然，意见一定又是与我相左的。我若提议去打，一定
不被赞成。横竖拗不过他们，算了吧。我只有哭！最可怪的，平常
同情于我的弄水弄火的宝姐姐，今天也跳出门来笑我，跟了妈妈说
我"痴子"。我只有独自哭！有谁同情于我的哭呢？

到妈妈抱了我回来的时候，我才仰起头，预备再看一看，这怪事怎么样了？那可恶的麻子还在否？谁知一跨进墙门槛，就听见"拍，拍"的声音。走进吃饭间，我看见那麻子正用拳头打爸爸的背。"拍，拍"的声音，正是打的声音。可见他一定是用力打的，爸爸一定很痛。然而爸爸何以任他打呢？妈妈何以又不管呢？我又哭。妈妈急急地抱我到房间里，对娘姨讲些话，两人都笑起来，都对我讲了许多话。然而我还听见隔壁打人的"拍，拍"的声音，无心去听她们的话。

爸爸不是说过"打人是最不好的事"吗？那一天软软不肯给我香烟牌子，我打了她一掌，爸爸曾经骂我，说我不好；还有那一天我打碎了寒暑表，妈妈打了我一下屁股，爸爸立刻抱我，对妈妈说"打不行。"何以今天那麻子在打爸爸，大家不管呢？我继续哭，我在妈妈的怀里睡去了。

🍒 由被理发吓哭而被妈妈抱到屋外，写到爸爸被理发师按摩联想到"打人"，"我"哭了又哭，哭累了睡去，真实又可爱的儿童情态立马展现在读者脑海里。情节的一波三折，恰似孩童坐过山车的心理。

我醒来，看见爸爸坐在披雅娜〔钢琴〕旁边，似乎无伤，耳朵

"妈妈快来打！他拿刀杀爸爸了！"

也没有割去，不过头很光白，像和尚了。我见了爸爸，立刻想起了睡前的怪事，然而他们——爸爸、妈妈等——仍是毫不介意，绝不谈起。我一回想，心中非常恐怖又疑惑。明明是爸爸被割项颈、割耳朵，又被用拳头打，大家却置之不问，任我一个人恐怖又疑惑。唉！有谁同情于我的恐怖？有谁为我解释这疑惑呢？

末段写事情的结局——爸爸理完发，安然地弹钢琴，"我"的疑惑依然没有得到解答。结尾的两个疑问句，引人深思，余音袅袅。

一九二七年初夏[①]

① 本文篇末原未署日期。这里所署的日期是发表在《一般》杂志时篇末所署。在中华人民共和国成立后作者自编的《缘缘堂随笔》（人民文学出版社 1957 年 11 月初版）中，篇末误署为：1926 年作。

买票

全文按时间顺序，运用第一人称，从儿童的视角，采用日记式的独白写了两件事——与好友游戏中途被喊回家吃饭，爸爸理发引发"我"的各种不解与害怕。清楚地交代了时间、地点、人物以及事情的起因、经过、结果，记叙、议论、抒情等多种表达方式相结合，形象生动地再现了儿童对于生活现象的不同感受，读来令人回味无穷。

我的日记

　　文章题为"日记"，实际不是通常人们所说的标准意义的日记样式，只是借助日记这种第一人称、独白式的方式来表述。你的心情今天如何，来写一篇日记吧！

　　一般而言，标准的日记格式通常有书端（时间、天气等）和正文两部分，其中正文是主体，如下文的日记：

写一写

2021 年 5 月 20 日 　　　　　 星期四 　　　　　　 晴

　　今天天气格外晴朗，天空湛蓝湛蓝的。我去上学的路上，看到一只只不同颜色的小鸟飞落在电线杆上，高高低低的，像五线谱，又像有着高低音的合唱队，总是在轻快地歌唱着。我想："难道它们也知道我今天是国旗手？"边想边走，一抬头，都到校门口啦！

　　……

亲爱的朋友，每天我们都会遇到不同的人、不同的事、不同的风景、不同的天气，哪件事让你印象深刻呢？尝试采用作者的写作方式或者标准的日记格式写一写吧？

柳下相逢握手之

子愷

图中讲述了怎样的故事？一起来写一下！

柳下相逢握手手

————年————月————日

新竹成阴无弹射　　不妨同享北窗风

飞来山鸟语惺忪　　却是幽人半睡中
野竹成阴无弹射　　不妨同享北窗风

——宋　陆游《护生吟》

竹影

【题注】本篇曾载 1936 年 5 月 25 日《新少年》第 1 卷第 10 期。

这一天我很不快活，又很快活。所不快活的，这是五卅国耻纪念，说起"五卅"这两个字，一幅凶恶的脸孔和一堆鲜红的血立刻出现在我的脑际，不快之念随之而生。所快活的，这是星期六，晚饭后可以任意游乐，没有明天的功课催我就寝。况且早上我听见弟弟和华明打过"电报"：弟弟对他说"今——放——后，你——我——玩"，华明回答他说"放——后——行，吃——夜——后，我——你——玩"。他们常用这种的简略话当作暗号，称之为"打电报"，但我一听就懂得他们的意思：弟弟对他说的是"今天放学后，你到我家玩"，华明回答的是"放学后不行，吃过夜饭后，我到你家玩"。华明本来是很会闹架儿的一个人。近来不知怎样一来，把闹架儿的工夫改用在玩意儿上了，和我们非常亲热。我们种种有趣的玩意儿，没有他参加几乎不能成行。这一天吃过夜饭后他来我家玩，我知道一定又有什么花头。星期六的晚上，两三个亲热的同学聚会在一起，这是何等快活的事！

会议

🍒 首句点明作者的心情——很不开心，又很开心。"五卅国耻"令"我"心情沉重；小友相聚令"我"心情轻快。可这与文题"竹影"有何关系呢？且看下文——

暑气和沉闷伴着了"五卅"来到人间。吃过晚饭后，天气还是闷热。窗子完全开开了，房间里还坐不牢。太阳虽已落山，天还没有黑。一种幽暗的光弥漫在窗际，仿佛电影中的一幕。我和弟弟就搬了藤椅子，到屋后的院子里去乘凉。同时关照徐妈，华明来了请他到院子里来。

🍒 夕阳西下，天际幽暗，如同电影中的一幕，比喻生动形象，让读者的脑海中瞬间有了画面感，将傍晚时分的光景灵动地展现了出来。

我们搬三只藤椅子，放在院角的竹林里，两只自己坐了，空着一只待华明来坐。天空好像一盏乏了油的灯，红光渐渐地减弱。我把眼睛守定西天看了一会，看见那光一跳一跳的沉下去，非常微细，但又非常迅速而不可挽救。正在看得出神，似觉眼梢头另有一种微光，渐渐地在那里强起来。回头一看，原来月亮已在东天的竹叶中间放出她的清光。院子里的光景已由暖色变成寒色，由长音阶（大音阶）变成短音阶（小音阶）了。门口一个黑影出现，好像一只立起的青蛙儿，向我们跳将过来。来的是华明。

🍒 你见过西天的光"一跳一跳"沉下去吗？微细，迅疾，一去不返。你见过初月从竹叶间放出清幽的光吗？明澈，清寒，一览无余。看啊，那院子里的光景由暖变寒，由长音阶变短音阶，多么地悠扬，令人心醉！该段运用比喻、拟物等修辞手法，将傍晚夕阳西落与月亮初升的过程巧妙地描绘出来。

"嚄，你们惬意得很！这椅子给我坐的？"他不待我们回答，一屁股坐在藤椅上，剧烈地摇他的两脚。他的椅子背所靠着的那根竹，跟了他的动作而发抖，上面的竹叶作出潇潇的声音来。这引动了三人的眼，大家仰起头来向天空看。月亮已经升得很高，隐在一丛竹叶中。竹叶的摇动把她切成许多不规则的小块，闪烁地映入我们的眼中。大家赞美了一番之后，弟弟说："可耻的五卅快过去了！"华明说："可乐的星期日快来到了！"我说："可爱的星期六晚上已经在这里了！我们今晚干些什么呢？"弟弟说："我们谈天吧。我先有一个问题给你们猜：细看月亮光底下的人影，头上出烟气。这是什么道理？"我和华明都不相信，于是大家走出竹林外，蹲下

夏景中的对比

来看水门汀上的人影。我看了好久，果然看见头上有一缕一缕的细烟，好像漫画里所描写的动怒的人。"是口里的热气吧？""是头上的汗水在那里蒸发吧？"大家蹲在地上争论了一会，没有解决。华明的注意力却转向了别处，他从身边摸出一枝半寸长的铅笔来，在水门汀上热心地描写自己的影。描好了，立起来一看，真像一只青蛙，他自己看了也要笑。徘徊之间，我们同时发见了映在水门汀上的竹叶的影子，同声地叫起来："啊！好看啊！中国画！"华明就拿半寸长的铅笔去描。弟弟手痒起来，连忙跑进屋里去拿铅笔。我学他的口头禅喊他："对起，对起，给我也带一枝来！"不久他拿了一把木炭来分送我们。华明就收藏了他那半寸长的法宝，改用木炭来描。大家蹲下去，用木炭在水门汀上参参差差地描出许多竹叶来。一面谈着："这一枝很像校长先生房间里的横幅呢！""这一丛很像我家堂前的立轴呢！""这是《芥子园》画谱里的！""这是吴昌硕的！"忽然一个大人的声音在我们头上慢慢地响出来："这是管夫人的！"大家吃了一惊，立起身来，看见爸爸反背着手立在水门汀旁的草地上看我们描竹，他明明是来得很久了。华明难为情似地站了起来，把拿木炭的手藏在背后，似乎恐防爸爸责备他弄脏了我家的水门汀。爸爸似乎很理解他的意思，立刻对着他说道："谁想出来的？这画法真好玩呢！我也来描几瓣看。"弟弟连忙拣木炭给他。爸爸也蹲在地上描竹叶了，这时候华明方才放心，我们也更加高兴，一边描，一边拿许多话问爸爸：

"管夫人是谁？""她是一位善于画竹的女画家。她的丈夫名叫赵子昂，是一位善于画马的男画家。他们是元朝人，是中国很有名的两大夫妻画家。"

"马的确难画，竹有什么难画呢？照我们现在这种描法，岂不容易又很好看吗？""容易固然容易，但是这么'依样画葫芦'，终究缺乏画意，不过好玩罢了。画竹不是照真竹一样描，须经过选择和布置。画家选择竹的最好看的姿态，巧妙地布置在纸上，然后成为竹的名画。这选择和布置很困难，并不比画马容易。画马的困难在于马本身上，画竹的困难在于竹叶的结合上。粗看竹画，好像只是墨笔的乱撇，其实竹叶的方向，疏密，浓淡，肥瘦，以及集合的形体，都要讲究。所以在中国画法上，竹是一专门部分。平生专门研究画竹的画家也有。"

🍒 月亮升，竹叶摇，竹影现，门汀描，孩童争，父来教，引出画竹不是照描真竹，而是需要精心选择布置，方能有画意。

"竹为什么不用绿颜料来画，而常用墨笔来画呢？用绿颜料撇

挑灯观画儿啼饥

竹叶，不更像吗？""中国画不注重'像不像'，不同西洋画那么画得同真物一样。凡画一物，只要能表出像我们闭目回想时所见的一种神气，就是佳作了。所以西洋画像照相，中国画像符号。符号只要用墨笔就够了。原来墨是很好的一种颜料。它是红黄蓝三原色等量混合而成的。故墨画中看似只有一色，其实包罗三原色，即包罗世界上所有的颜色。故墨画在中国画中是很高贵的一种画法。故用墨来画竹，是最正当的。倘然用了绿颜料，就因为太像实物，反而失却神气。所以中国画家不欢喜用绿颜料画竹，反之，却欢喜用与绿相反对的红色来画竹。这叫做'朱竹'，是用笔蘸了朱砂来撇的。你想，世界上哪有红色的竹？但这时候画家所描的，实在已经不是竹，只是竹的一种美的姿势，一种活的神气，所以不妨用红色来描。"爸爸说到这里，丢了手中的木炭，立起身来结束地说："中国画大都如此。我们对中国画应该都取这样的看法。"

🍒 "西洋画像照相，中国画像符号。"用了比喻的修辞手法，分析了两者之间的区别——西洋画重在实，中国画重在神。墨画之所以是一种很高贵的画法，源于墨色囊括了世界所有颜色。这是一种包容，一种饱满，一种生气，一种美好。

月亮渐渐升高来，竹影渐渐与地上描着的木炭线相分离，现出参差不齐的样子来，好像脱了版的印刷。夜渐深了，华明就告辞。"明天日里头①来看这地上描着的影子，一定更好看。但希望天不要落雨，洗去了我们的'墨竹'，大家明天会！"他说着就出去了。我们送他出门。我回到堂前，看见中堂挂着的立轴——吴昌硕描的墨竹，——似觉更有意味。那些竹叶的方向，疏密，浓淡，肥瘦，以及集合的形体，似乎都有意义，表出着一种美的姿态，一种活的神气。

🍒 月亮渐渐高升，竹影渐渐疏离，炭线参差不齐，尤似印刷脱了版。运用环境描写和比喻的修辞，渲染了月夜、竹影齐如画的朦胧感和诗意美。末句"那些竹叶的方向，疏密，浓淡，肥瘦，以及集合的形体，似乎都有意义，表出着一种美的姿态，一种活的神气"，照应文题，点明主旨。

---

① 日里头，即白天。

全文以小友来家齐聚庭院、月下赏竹、画竹、谈竹为主体，阐明西洋画与中国画的区别，分析墨画是中国画中高贵画法的原因，点明画画过于倾向于现实，则有失灵动。而竹画的美，美在方向，美在疏密，美在浓淡，美在肥瘦，美在配合，方有活泼的生气。

竹之诗画

　　亲爱的朋友，在你的生活中，是否见过竹子的墨画呢？自古以来，爱竹的文人墨客有很多。竹，不仅入画，还入诗文。请欣赏后面四首描写竹子的古诗，感受下诗人所表达的情感，选出你最喜欢的一首，来写下你喜欢这首诗的原因吧！

写一写

严郑公宅同咏竹（得香字）

[唐] 杜甫

绿竹半含箨，新梢才出墙。

色侵书帙晚，阴过酒樽凉。

雨洗娟娟净，风吹细细香。

但令无剪伐，会见拂云长。

竹

[清] 郑板桥

举世爱栽花，老夫只栽竹，

霜雪满庭除，洒然照新绿。

幽篁一夜雪，疏影失青绿，

莫被风吹散，玲珑碎空玉。

竹石

[清] 郑板桥

咬定青山不放松，立根原在破岩中。

千磨万击还坚劲，任尔东西南北风。

於潜僧绿筼轩

[宋] 苏轼

宁可食无肉，不可居无竹。

无肉令人瘦，无竹令人俗。

人瘦尚可肥，士俗不可医。

旁人笑此言，似高还似痴。

若对此君仍大嚼，世间那有扬州鹤？

品读完竹影再来看这幅图，你觉得图中会有怎样的故事呢?

今夜故人来不来

教人立尽梧桐影

_____年_____月_____日

惊残好梦无寻处

梦痕

【题注】本篇曾载 1934 年 7 月 20 日《人世间》第 8 期。当时题名为《疤》。收入《随笔二十篇》时，改名《梦痕》。后由作者稍加删节，改名《黄金时代》，又收入作者自编的《率真集》（上海万叶书店 1946 年 10 月初版）。

我的左额上有一条同眉毛一般长短的疤。这是我儿时游戏中在门槛上跌破了头颅而结成的。相面先生说这是破相，这是缺陷。但我自己美其名曰"梦痕"。因为这是我的梦一般的儿童时代所遗留下来的唯一的痕迹。由这痕迹可以探寻我的儿童时代的美丽的梦。

🍒 开篇点题，"梦痕"——梦一般儿时的疤痕，引出下文对磕破额头这一往事的回忆。

我四五岁时，有一天，我家为了"打送"（吾乡风俗，亲戚家的孩子第一次上门来作客，辞去时，主人家必做几盘包子送他，名曰"打送"）某家的小客人，母亲、姑母、婶母和诸姐们都在做米粉包子。厅屋的中间放一只大匾，匾的中央放一只大盘，盘内盛着一大堆粘土一般的米粉，和一大碗做馅用的甜甜的豆沙。母亲们大家围坐在大匾的四周。各人卷起衣袖，向盘内摘取一块米粉来，捏做一只碗的形状；挟取一筷豆沙来藏在这碗内；然后把碗口收拢来，做成一个圆子。再用手法把圆子捏成三角形，扭出三条绞丝花纹的脊梁来；最后在脊梁凑合的中心点上打一个红色的"寿"字印子，包子便做成。一圈一圈地陈列在大匾内，样子很是好看。大家一边做，一边兴高采烈地说笑。有时说谁的做得太小，谁的做得太大；有时盛称姑母的做得太玲珑，有时笑指母亲的做得像个塌饼。笑语之声，充满一堂。这是一年中难得的全家欢笑的日子。而在我，做孩子们的，在这种日子更有无上的欢乐；在准备做包子时，我得先吃一碗甜甜的豆沙。做的时候，我只要吵闹一下子，母亲们会另做一只小包子来给我当场就吃。新鲜的米粉和新鲜的豆沙，热热地做出来就吃，味道是好不过的。我往往吃一只不够，再吵闹一下子就有得吃第二只。倘然吃第二只还不够，我可嚷着要替她们打寿字印子。这印子是不容易打的：蘸的水太多了，打出来一塌糊涂，看不出寿字；蘸的水太少了，打出来又不清楚；况且位置要摆得正，歪了就难看；打坏了又不能揩抹涂改。所以我嚷着要打印子，是母亲们所最怕的事。她们便会和我情商，把做圆子收口时摘下来的一小粒米粉给我，叫我"自己做来自己吃"。这正是我所盼望的主目的！开了这个例之后，各人做圆子收口时摘下来的米粉，就都得照例归我所有。再不够时还得要求向大盘中扭一把米粉来，自由捏造各种粘土手工：

捏一个人，团拢了，改捏一个狗；再团拢了，再改捏一只水烟管……捏到手上的龌龊都混入其中，而雪白的米粉变成了灰色的时候，我再向她们要一朵豆沙来，裹成各种三不像的东西，吃下肚子里去。这一天因为我吵得特别厉害些，姑母做了两只小玲珑的包子给我吃，母亲又外加摘一团米粉给我玩。为求自由，我不在那场上吃弄，拿了到店堂里，和五哥哥一同玩弄。五哥哥者，后来我知道是我们店里的学徒，但在当时我只知道他是我儿时的最亲爱的伴侣。他的年纪比我长，智力比我高，胆量比我大，他常做出种种我所意想不到的玩意儿来，使得我惊奇。这一天我把包子和米粉拿出去同他共玩，他就寻出几个印泥菩萨的小形的红泥印子来，教我印米粉菩萨。

🍒 回忆儿时家人为了"打送"而围坐一起做米粉包子以及"我"淘气的情景，点明"梦痕"事件的起因。"各人卷起衣袖，向盘内摘取一块米粉来，捏做一只碗的形状；挟取一筷豆沙来藏在这碗内；然后把碗口收拢来，做成一个圆子。再用手法把圆子捏成三角形，扭出三条绞丝花纹的脊梁来；最后在脊梁凑合的中心点上打一个红色的'寿'字印子，包子便做成。"该句恰当地运用卷起、摘取、捏做、挟取、收拢、扭出等动词，将做米粉包子的全过程生动地展现出来了。

星期日是母亲的烦恼日

后来我们争执起来，他拿了他的米粉菩萨逃，我就拿了我的米粉菩萨追。追到排门旁边，我跌了一交，额骨磕在排门槛上，磕了眼睛大小的一个洞，便晕迷不省。等到知觉的时候，我已被抱在母亲手里，外科郎中蔡德本先生，正在用布条向我的头上重重叠叠地包裹。

自从我跌伤以后，五哥哥每天乘店里空闲的时候到楼上来省问我。来时必然偷偷地从衣袖里摸出些我所爱玩的东西来——例如关在自来火匣子里的几只叩头虫，洋皮纸人头，老菱壳做成的小脚，顺治铜钿①磨成的小刀等——送给我玩，直到我额上结成这个疤。

    "跌了一交"磕出小洞，昏迷不省，原本是伤心的事，可是，却换来了五哥哥每日的问候和各种有趣的玩意儿。试问，又有几人会如此哄逗儿时的那个"我"呢？

讲起我额上的疤的来由，我的回想中印象最清楚的人物，莫如五哥哥。而五哥哥的种种可惊可喜的行状，与我的儿童时代的欢乐，也便跟了这回想而历历地浮出到眼前来。

他的行为的顽皮，我现在想起了还觉吃惊。但这种行为对于当

---

① 顺治铜钿，指清朝顺治年间铸造的圆形方孔铜币。

时的我，有莫大的吸引力，使我时时刻刻追随他，自愿地做他的从者。他用手捉住一条大蜈蚣，摘去了它的有毒的钩爪，而藏在衣袖里，走到各处，随时拿出来吓人。我跟了他走，欣赏他的把戏。他有时偷偷地把这条蜈蚣放在别人的瓜皮帽子上，让它沿着那人的额骨爬下去，吓得那人直跳起来。有时怀着这条蜈蚣去登坑，等候邻席的登坑者正在拉粪的时候，把蜈蚣丢在他的裤子上，使得那人扭着裤子乱跳，累了满身的粪。又有时当众人面前他偷把这条蜈蚣放在自己的额上，假装被咬的样子而号啕大哭起来，使得满座的人惊惶失措，七手八脚地为他营救。正在危急存亡的时候，他伸起手来收拾了这条蜈蚣，忽然破涕为笑，一缕烟逃走了。后来这套戏法渐渐做穿，有的人警告他说，若是再拿出蜈蚣来，要打头颈拳 ① 了。于是他换出别种花头来：他躲在门口，等候警告打头颈拳的人将走出门，突然大叫一声，倒身在门槛边的地上，乱滚乱撞，哭着嚷着，说是践踏了一条臂膀粗的大蛇，但蛇是已经钻进榻底下去了。走出门来的人被他这一吓，实在魂飞魄散；但见他的受难比他更深，也无可奈何他，只怪自己的运气不好。他看见一群人蹲在岸边钓鱼，便参加进去，和蹲着的人闲谈。同时偷偷地把其中相接近的两人的辫子梢头结住了，自己就走开，躲到远处去作壁上观。被结住的两

---

① 打头颈拳，作者家乡话，意即打耳光。

人中若有一人起身欲去，滑稽剧就演出来给他看了。诸如此类的恶戏，不胜枚举。

🍒 回忆五哥哥的种种趣事——捉大蜈蚣吓人，躲门口大叫耍人，结人辫梢戏人，无一不体现一个少年的顽皮和"我"对他的崇拜。

现在回想他这种玩耍，实在近于为虐的戏谑。但当时他热心地创作，而热心地欣赏的孩子，也不止我一个。世间的严正的教育者！请稍稍原谅他的顽皮！我们的儿时，在私塾里偷偷地玩了一个折纸手工，是要遭先生用铜笔套管在额骨上猛钉几下，外加在至圣先师孔子之神位面前跪一支香的！

🍒 "铜笔套管在额骨上猛钉几下""孔子之神位面前跪一支香"，侧面写出儿时私塾教育给孩子们留下的"梦魇"。

况且我们的五哥哥也曾用他的智力和技术来发明种种富有趣味的玩意，我现在想起了还可以神往。暮春的时候，他领我到田野去偷新蚕豆。把嫩的生吃了，而用老的来做"蚕豆水龙"。其做法，用煤头纸火把老蚕豆荚熏得半熟，剪去其下端，用手一捏，荚里的

大家动手　大家吃豆

两粒豆就从下端滑出，再将荚的顶端稍稍剪去一点，使成一个小孔。然后把豆荚放在水里，待它装满了水，以一手的指捏住其下端而取出来，再以另一手的指用力压榨豆荚，一条细长的水带便从豆荚的顶端的小孔内射出。制法精巧的，射水可达一二丈之远。他又教我"豆梗笛"的做法：摘取豌豆的嫩梗长约寸许，以一端塞入口中轻轻咬嚼，吹时便发嗒嗒之音。再摘取蚕豆梗的下段，长约四五寸，用指爪在梗上均匀地开几个洞，作成笛的样子。然后把豌豆梗插入这笛的一端，用两手的指随意启闭各洞而吹奏起来，其音宛如无腔之短笛。他又教我用洋蜡烛的油作种种的浇造和塑造。用芋艿或番薯刻种种的印版，大类现今的木版画。……诸如此类的玩意，亦复不胜枚举。

蚕豆水龙，豆梗笛，洋蜡烛油浇塑，番薯印版……无不体现五哥哥的聪明灵巧，无不留存着"我"儿时的欢乐与新奇。现在，它们都去哪儿了呢？

现在我对这些儿时的乐事久已缘远了。但在说起我额上的疤的来由时，还能热烈地回忆神情活跃的五哥哥和这种兴致蓬勃的玩意儿。谁言我左额上的疤痕是缺陷？这是我的儿时欢乐的左证，我的黄金时代的遗迹。过去的事，一切都同梦幻一般地消灭，没有痕迹留存了。只有这个疤，好像是"脊杖二十，刺配军州"时打在脸上的金印，永久地明显地录着过去的事实，一说起就可使我历历地回忆前尘。仿佛我是在儿童世界的本贯地方犯了罪，被刺配到这成人社会的"远恶军州"来的。这无期的流刑虽然使我永无还乡之望，但凭这脸上的金印，还可回溯往昔，追寻故乡的美丽的梦啊！

🍒 总结上文对儿时乐事的回忆，点明题目"梦痕"的意义，首尾呼应。

一九三四年六月七日

▶ 写作贴士

全文以"梦痕"——儿时的疤痕为引子，回忆了儿时疤痕的来历、五哥哥的种种趣事，既有作者对童年美好生活的憧憬，又夹杂着时光一去不复返的淡淡惆怅。有人说，人生如梦，大概童年更是那永远无法追寻、影响一生的美丽梦境吧。

我的童年我的梦

　　斗转星移，物是人非，童年已经远去，但是童年那些难忘的人和事仍同"梦痕"一般刻在我们心里。亲爱的你，目前应该是处在最美好的童年时期，你有哪些难忘的趣事可以分享呢？写一写吧！

写 一 写

唐诗宋词中的童年：

小儿垂钓

[唐] 胡令能

蓬头稚子学垂纶，侧卧莓苔草映身。
路人借问遥招手，怕得鱼惊不应人。

夏日田园杂兴

[宋] 范成大

昼出耘田夜绩麻，村庄儿女各当家。
童孙未解供耕织，也傍桑阴学种瓜。

清平乐·村居

[宋] 辛弃疾

茅檐低小，溪上青青草。
醉里吴音相媚好，白发谁家翁媪？
大儿锄豆溪东，中儿正织鸡笼。
最喜小儿无赖，溪头卧剥莲蓬。

所见

[清] 袁枚

牧童骑黄牛，歌声振林樾。

意欲捕鸣蝉，忽然闭口立。

宿新市徐公店

[宋] 杨万里

篱落疏疏一径深，树头花落未成阴。

儿童急走追黄蝶，飞入菜花无处寻。

牧童诗

[宋] 黄庭坚

骑牛远远过前村，短笛横吹隔陇闻。

多少长安名利客，机关用尽不如君。

到公共運動塲去坐滑滑梯，傅農倒滑下去．阿獅扶他起來，恩哥的後面又有兩個田田來了．

你在儿时有没有让你特别怀念的朋友？他是怎样的人呢？

到公共运动场去坐滑梯，

传农倒滑下去，

阿姊扶他起来，

恩哥的后面又有两个团团来了。

警报解除了，爸爸前头走，满娘后头走，阿姊，佩贞，恩哥拿了芦花中央走。

忆儿时

【题注】本篇曾载 1927 年 6 月 10 日《小说月报》第 18 卷第 6 号。

一

我回忆儿时，有三件不能忘却的事。

🍒 开篇点题，总领下文。

第一件是养蚕。那是我五六岁时、我祖母在日的事。我祖母是一个豪爽而善于享乐的人，良辰佳节不肯轻轻放过。养蚕也每年大规模地举行。其实，我长大后才晓得，祖母的养蚕并非专为图利，叶贵的年头常要蚀本，然而她喜欢这暮春的点缀，故每年大规模地举行。我所喜欢的，最初是蚕落地铺。那时我们的三开间的厅上、地上统是蚕，架着经纬的跳板，以便通行及饲叶。蒋五伯挑了担到地里去采叶，我与诸姐跟了去，去吃桑葚。蚕落地铺的时候，桑葚已很紫而甜了，比杨梅好吃得多。我们吃饱之后，又用一张大叶做一只碗，采了一碗桑葚，跟了蒋五伯回来。蒋五伯饲蚕，我就以走

子规啼血四更时　起视蚕稠怕叶稀
不信楼头杨柳月　玉人歌舞未曾归

跳板为戏乐，常常失足翻落地铺里，压死许多蚕宝宝，祖母忙喊蒋五伯抱我起来，不许我再走。然而这满屋的跳板，像棋盘街一样，又很低，走起来一点也不怕，真是有趣。这真是一年一度的难得的乐事！所以虽然祖母禁止，我总是每天要去走。

🍒 蚕落地铺时、采吃桑葚时、行走跳板时，那紫红又甜蜜的养蚕时光啊，怎不令人怀慕？这一切都因着祖母的豪爽、宽容以及她对生活的热爱。

蚕上山之后，全家静默守护，那时不许小孩子们吵了，我暂时感到沉闷。然而过了几天，采茧，做丝，热闹的空气又浓起来了。我们每年照例请牛桥头七娘娘来做丝。蒋五伯每天买枇杷和软糕来给采茧、做丝、烧火的人吃。大家认为现在是辛苦而有希望的时候，应该享受这点心，都不客气地取食。我也无功受禄地天天吃多量的枇杷与软糕，这又是乐事。

🍒 蚕上山、采茧、做丝，气氛热闹又浓厚，人们虽辛苦却饱含希望，因为有清甜的枇杷与糯糯的软糕呀。

七娘娘做丝休息的时候，捧了水烟筒，伸出她左手上的短少半段的小指给我看，对我说：做丝的时候，丝车后面，是万万不可走近去的。她的小指，便是小时候不留心被丝车轴棒轧脱的。她又说：
"小囡囡不可走近丝车后面去，只管坐在我身旁，吃枇杷，吃软糕。
还有做丝做出来的蚕蛹，叫妈妈油炒一炒，真好吃哩！"然而我始
终不要吃蚕蛹，大概是我爸爸和诸姐都不要吃的原故。我所乐的，
只是那时候家里的非常的空气。日常固定不动的堂窗、长台、八仙
椅子，都收拾去，而变成不常见的丝车、匾、缸。又不断地公然地
可以吃小食。

　　丝做好后，蒋五伯口中唱着"要吃枇杷，来年蚕罢"，收拾丝
车，恢复一切陈设。我感到一种兴尽的寂寥。然而对于这种变换，
倒也觉得新奇而有趣。

🍒 固定不动与不常见的物品之间的变换，引发孩童空
前的兴趣。做丝的陈设与人们的忙碌，既让"我"觉得
新鲜有趣，又让"我"回味无穷。

　　现在我回忆这儿时的事，常常使我神往！祖母、蒋五伯、七娘
娘和诸姐都像童话里、戏剧里的人物了。且在我看来，他们当时这
剧的主人公便是我。何等甜美的回忆！只是这剧的题材，现在我仔
细想想觉得不好：养蚕做丝，在生计上原是幸福的，然其本身是数
万的生灵的杀虐！《西青散记》里面有两句仙人的诗句："自织藕

香饵自香鱼不食　　钓竿只好立蜻蜓

丝衫子嫩，可怜辛苦救春蚕。"安得人间也发明织藕丝的丝车，而尽救天下的春蚕的性命！

我七岁上祖母死了①，我家不复养蚕。不久父亲与诸姐弟相继死亡，家道衰落了，我的幸福的儿时也过去了。因此这回忆一面使我永远神往，一面又使我永远忏悔。

🍒 总结养蚕一事给"我"带来的两种感受——向往与愧疚。向往的是祖母、父亲和诸姐弟尚在人世时的美好时光，愧疚的是对养蚕做丝中蚕的杀虐。只是，这一切都消逝在时间的长河中了。

二

第二件不能忘却的事，是父亲的中秋赏月，而赏月之乐的中心，在于吃蟹。

我的父亲中了举人之后，科举就废，他无事在家，每天吃酒，看书。他不要吃羊、牛、猪肉，而喜欢吃鱼、虾之类。而对于蟹，尤其喜欢。自七八月起直到冬天，父亲平日的晚酌规定吃一只蟹，一碗隔壁豆腐店里买来的开锅热豆腐干。他的晚酌，时间总在黄昏。八仙桌上一盏洋油灯，一把紫砂酒壶，一只盛热豆腐干的碎磁盖碗，

---

① 作者祖母卒于 1902 年 12 月，当时作者五岁。

一把水烟筒，一本书，桌子角上一只端坐的老猫，我脑中这印象非常深刻，到现在还可以清楚地浮现出来。我在旁边看，有时他给我一只蟹脚或半块豆腐干。然我喜欢蟹脚。蟹的味道真好，我们五个姊妹兄弟，都喜欢吃，也是为了父亲喜欢吃的原故。只有母亲与我们相反，喜欢吃肉，而不喜欢又不会吃蟹，吃的时候常常被蟹螯上的刺刺开手指，出血；而且抉剔得很不干净，父亲常常说她是外行。父亲说：吃蟹是风雅的事，吃法也要内行才懂得。先折蟹脚，后开蟹斗……脚上的拳头（即关节）里的肉怎样可以吃干净，脐里的肉怎样可以剔出……脚爪可以当作剔肉的针……蟹螯上的骨头可拼成一只很好看的蝴蝶……父亲吃蟹真是内行，吃得非常干净。所以陈妈妈说："老爷吃下来的蟹壳，真是蟹壳。"

🍒 详写父亲黄昏吃蟹的情景以及父亲对吃蟹的看法。傍晚时分，天色昏暗，八仙桌，洋油灯，紫砂酒壶，碎磁盖碗，水烟筒，一本书，一只老猫，构成了父亲吃蟹的寻常背景，也深深地烙在"我"的心里。

蟹的储藏所，就在天井角落里的缸里，经常总养着十来只。到了七夕、七月半、中秋、重阳等节候上，缸里的蟹就满了，那时我们都有得吃，而且每人得吃一大只，或一只半。尤其是中秋一天，兴致更浓。在深黄昏,移桌子到隔壁的白场①上的月光下面去吃。更深人静,明月底下只有我们一家的人,恰好围成一桌,此外只有一个供差使的红英坐在旁边。大家谈笑,看月亮,他们——父亲和诸姐——直到月落时光,我则半途睡去,与父亲和诸姐不分而散。

> 🍒 中秋之日,夜深人静,那清冽又柔和的月光底下,"我们"一家人围坐吃蟹,谈天说地,赏月升月落,直至不分而散。

这原是为了父亲嗜蟹,以吃蟹为中心而举行的。故这种夜宴,不仅限于中秋,有蟹的节季里的月夜,无端也要举行数次。不过不是良辰佳节,我们少吃一点,有时两人分吃一只。我们都学父亲,剥得很精细,剥出来的肉不是立刻吃的,都积受在蟹斗里,剥完之后,放一点姜醋,拌一拌,就作为下饭的菜,此外没有别的菜了。因为父亲吃菜是很省的,而且他说蟹是至味,吃蟹时混吃别的菜肴,是乏味的。我们也学他,半蟹斗的蟹肉,过两碗饭还有余,就可得父亲的称赞,又可以白口吃下余多的蟹肉,所以大家都勉力节省。现在回想那时候,半条蟹腿肉要过两大口饭,这滋味真好!自父亲死了以后,我不曾再尝这种好滋味。现在,我已经自己做父亲,况且已经茹素,当然永远

---

① 白场,作者家乡话,意即场地。

中秋之夜

不会再尝这滋味了。唉！儿时欢乐，何等使我神往！

> 　有蟹的季节里，月夜初定，父亲与"我们"吃蟹下饭，好不惬意！只是，随着父亲的去世，一切皆不可追也。

然而这一剧的题材，仍是生灵的杀虐！因此这回忆一面使我永远神往，一面又使我永远忏悔。

三

第三件不能忘却的事。是与隔壁豆腐店里的王囡囡的交游，而这交游的中心，在于钓鱼。

> 　总说儿时难忘的事之三——与王囡囡的交往，引起下文囡囡教"我"钓鱼一事。

那是我十二三岁时的事，隔壁豆腐店里的王囡囡是当时我的小侣伴中的大阿哥。他是独子，他的母亲、祖母和大伯，都很疼爱他，给他很多的钱和玩具，而且每天放任他在外游玩。他家与我家贴邻而居。我家的人们每天赴市，必须经过他家的豆腐店的门口，两家的人们朝夕相见，互相来往。小孩们也朝夕相见，互相来往。此外他家对于我家似乎还有一种邻人以上的深切的交谊，故他家的人对于我特别要好，他的祖母常常拿自产的豆腐干、豆腐衣等来送给我父亲下酒。同时在小侣伴中，王囡囡也特别和我要好。他的年纪比我大，气力比我好，生活比我丰富，我们一道游玩的时候，他时时引导我，照顾我，犹似长兄对于幼弟。我们有时就在我家的染坊店里的榻上玩耍，有时相偕出游。他的祖母每次看见我俩一同玩耍，必叮嘱囡囡好好看待我，勿要相骂。我听人说，他家似乎曾经患难，而我父亲曾经帮他们忙，所以他家大人们吩咐王囡囡照应我。

简述王囡囡家与"我"家的深切情谊，以及囡囡与"我"的儿时情谊，突出其对"我"手足般的关爱。

我起初不会钓鱼，是王囡囡教我的。他叫他大伯买两副钓竿，一副送我，一副他自己用。他到米桶里去捉许多米虫，浸在盛水的罐头里，领了我到木场桥头去钓鱼。他教给我看，先捉起一个米虫来，把钓钩由虫尾穿进，直穿到头部。然后放下水去。他又说："浮珠一动，你要立刻拉，那么钩子钩住鱼的颚，鱼就逃不脱。"我照他所教的试验，果然第一天钓了十几头白条，然而都是他帮我拉钓竿的。

第二天，他手里拿了半罐头扑杀的苍蝇，又来约我去钓鱼。途中他对我说："不一定是米虫，用苍蝇钓鱼更好。鱼喜欢吃苍蝇！"这一天我们钓了一小桶各种的鱼。回家的时候，他把鱼桶送到我家里，说他不要。我母亲就叫红英去煎一煎，给我下晚饭。

🍒 无论是米虫钓鱼，还是苍蝇钓鱼，都可见王囡囡钓鱼技巧的高超。

自此以后，我只管欢喜钓鱼。不一定要王囡囡陪去，自己一人也去钓，又学得了掘蚯蚓来钓鱼的方法。而且钓来的鱼，不仅够自己下晚饭，还可送给店里的人吃，或给猫吃。我记得这时候我的热心钓鱼，不仅出于游戏欲，又有几分功利的兴味在内。有三四个夏季，我热心于钓鱼，给母亲省了不少的菜蔬钱。

🍒 因着囡囡的指导，"我"不但学会了用米虫、苍蝇和蚯蚓钓鱼的方法，更重要的是"我"从此多了一项钓鱼的爱好，并帮家里减轻了一些负担。真是三全其美！

后来我长大了，赴他乡入学，不复有钓鱼的工夫。但在书中常常读到赞咏钓鱼的文句，例如什么"独钓寒江雪"，什么"渔樵度

钓鱼须钓一尺半　三十六鳞如抹朱

此身"，才知道钓鱼原来是很风雅的事。后来又晓得有所谓"游钓之地"的美名称，是形容人的故乡的。我大受其煽惑，为之大发牢骚：我想"钓鱼确是雅的，我的故乡，确是我的游钓之地，确是可怀的故乡。"但是现在想想，不幸而这题材也是生灵的杀虐！

　　钓鱼值得"我"如此眷恋，不仅因其风雅，更因有着"我"儿时好友，有着"我"可爱的故乡。

　　我的黄金时代很短，可怀念的又只有这三件事。不幸而都是杀生取乐，都使我永远忏悔。

　　篇末总结全文，首尾呼应。

一九二七年梅雨时节 ①

---

① 本文篇末原未署日期。这里所署的日期是发表在《小说月报》时篇末所署。

全文主要写了儿时的三件事——暮春跟着祖母养蚕，月下与父亲吃蟹，河边与伙伴钓鱼。这里的每一件事情都深深镌刻在作者脑海里，令他回味无穷，表达了作者对童年黄金般生活的怀念，以及对故乡的无限眷恋。

儿时阳光

　　童年时光，转瞬即逝，但总有一些人、一些事，深深地印在脑海，让我们每逢细细回味，都能温暖我们的一生。请阅读鲁迅先生的《社戏》，尝试用自己的语言概括文中所写的几件事。

写一写

社戏

鲁迅

　　我在倒数上去的二十年中，只看过两回中国戏，前十年是绝不看，因为没有看戏的意思和机会，那两回全在后十年，然而都没有看出什么来就走了。

　　第一回是民国元年我初到北京的时候，当时一个朋友对我说，北京戏最好，你不去见见世面么？我想，看戏是有味的，而况在北京呢。于是都兴致勃勃地跑到什么园，戏文已经开场了，在外面也早听到咚咚地响。我们挨进门，几个红的绿的在我的眼前一闪烁，便又看见戏台下满是许多头，再定神四面看，却见中间也还有几个空座，挤过去要坐时，又有人对我发议论，我因为耳朵已经嗅嗅的响着了，用了心，才听到他是说"有人，不行！"

我们退到后面，一个辫子很光的却来领我们到了侧面，指出一个地位来。这所谓地位者，原来是一条长凳，然而他那坐板比我的上腿要狭到四分之三，他的脚比我的下腿要长过三分之二。我先是没有爬上去的勇气，接着便联想到私刑拷打的刑具，不由得毛骨悚然地走出了。

　　走了许多路，忽听得我的朋友的声音道："究竟怎的？"我回过脸去，原来他也被我带出来了。他很诧异地说："怎么总是走，不答应？"我说："朋友，对不起，我耳朵只在咚咚喤喤的响，并没有听到你的话。"

　　后来我每一想到，便很以为奇怪，似乎这戏太不好，——否则便是我近来在戏台下不适于生存了。

　　第二回忘记了那一年，总之是募集湖北水灾捐而谭叫天还没有死。捐法是两元钱买一张戏票，可以到第一舞台去看戏，扮演的多是名角，其一就是小叫天①。我买了一张票，本是对于劝募人聊以塞责的，然而似乎又有好事家乘机对我说了些叫天不可不看的大法要了。我于是忘了前几年的咚咚喤喤之灾，竟到第一舞台去了，但大约一半也因为重价购来的宝票，总得使用了才舒服。我打听得叫天出台是迟的，而第一舞台却是新式构造，用不着争座位，便放了

────────────

①　小叫天，即京剧名角谭鑫培。

心，延宕到九点钟才去，谁料照例，人都满了，连立足也难，我只得挤在远处的人丛中看一个老旦在台上唱。那老旦嘴边插着两个点火的纸捻子，旁边有一个鬼卒，我费尽思量，才疑心他或者是目连^①的母亲，因为后来又出来了一个和尚。然而我又不知道那名角是谁，就去问挤小在我的左边的一位胖绅士。他很看不起似的斜瞥了我一眼，说道："龚云甫^②！"我深愧浅陋而且粗疏，脸上一热，同时脑里也制出了决不再问的定章，于是看小旦唱，看花旦唱，看老生唱，看不知什么角色唱，看一大班人乱打，看两三个人互打，从九点多到十点，从十点到十一点，从十一点到十一点半，从十一点半到十二点，——然而叫天竟还没有来。

我向来没有这样忍耐的等待过什么事物，而况这身边的胖绅士的吁吁的喘气，这台上的咚咚喤喤的敲打，红红绿绿的晃荡，加之以十二点，忽而使我醒悟到在这里不适于生存了。我同时便机械的拧转身子，用力往外只一挤，觉得背后便已满满的，大约那弹性的胖绅士早在我的空处胖开了他的右半身了。我后无回路，自然挤而又挤，终于出了大门。街上除了专等看客的车辆之外，几乎没有什么行人了，大门口却还有十几个人昂着头看戏目，别有一堆人站着

---

① 目连，释迦牟尼的弟子，有"目连救母"的典故。
② 龚云甫，当时的京剧演员，擅长老旦。

并不看什么，我想：他们大概是看散戏之后出来的女人们的，而叫天却还没有来……

然而夜气很清爽，真所谓"沁人心脾"，我在北京遇着这样的好空气，仿佛这是第一遭了。

这一夜，就是我对于中国戏告了别的一夜，此后再没有想到他，即使偶尔经过戏园，我们也漠不相关，精神上早已一在天之南一在地之北了。

但是前几天，我忽在无意之中看到一本日本文的书，可惜忘记了书名和著者，总之是关于中国戏的。其中有一篇，大意仿佛说，中国戏是大敲，大叫，大跳，使看客头昏脑眩，很不适于剧场，但若在野外散漫的所在，远远的看起来，也自有他的风致。我当时觉着这正是说了在我意中而未曾想到的话，因为我确记得在野外看过很好的好戏，到北京以后的连进两回戏园去，也许还是受了那时的影响哩。可惜我不知道怎么一来，竟将书名忘却了。

至于我看那好戏的时候，却实在已经是"远哉遥遥"的了，其时恐怕我还不过十一二岁。我们鲁镇的习惯，本来是凡有出嫁的女儿，倘自己还未当家，夏间便大抵回到母家去消夏。那时我的祖母虽然还康健，但母亲也已分担了些家务，所以夏期便不能多日的归省了，只得在扫墓完毕之后，抽空去住几天，这时我便每年跟了我的母亲住在外祖母的家里。那地方叫平桥村，是一个离海边不远，极偏僻的，临河的小村庄；住户不满三十家，都种田，打鱼，只有一家很小的杂货店。但在我是乐土：因为我在这里不但得到优待，又可以免念"秩秩斯干幽幽南山"了。

和我一同玩的是许多小朋友，因为有了远客，他们也都从父母那里得了减少工作的许可，伴我来游戏。在小村里，一家的客，几乎也就是公共的。我们年纪都相仿，但论起行辈来，却至少是叔子，有几个还是太公，因为他们合村都同姓，是本家。然而我们是朋友，即使偶尔吵闹起来，打了太公，一村的老老少少，也决没有一个会想出"犯上"这两个字来，而他们也百分之九十九不识字。

我们每天的事情大概是掘蚯蚓，掘来穿在铜丝做的小钩上，伏在河沿上去钓虾。虾是水世界里的呆子，决不惮用了自己的两个钳捧着钩尖送到嘴里去的，所以不半天便可以钓到一大碗。这虾照例是归我吃的。其次便是一同去放牛，但或者因为高等动物了的缘故罢，黄牛水牛都欺生，敢于欺侮我，因此我也总不敢走近身，只好远远地跟着，站着。这时候，小朋友们便不再原谅我会读"秩秩斯干"，却全都嘲笑起来了。

至于我在那里所第一盼望的，却在到赵庄去看戏。赵庄是离平桥村五里的较大的村庄；平桥村太小，自己演不起戏，每年总付给

嘉興寫景

赵庄多少钱，算作合做的。当时我并不想到他们为什么年年要演戏。现在想，那或者是春赛，是社戏了。

就在我十一二岁时候的这一年，这日期也看看等到了。不料这一年真可惜，在早上就叫不到船。平桥村只有一只早出晚归的航船是大船，决没有留用的道理。其余的都是小船，不合用；央人到邻村去问，也没有，早都给别人定下了。外祖母很气恼，怪家里的人不早定，絮叨起来。母亲便宽慰伊，说我们鲁镇的戏比小村里的好得多，一年看几回，今天就算了。只有我急得要哭，母亲却竭力的嘱咐我，说万不能装模装样，怕又招外祖母生气，又不准和别人一同去，说是怕外祖母要担心。

总之，是完了。到下午，我的朋友都去了，戏已经开场了，我似乎听到锣鼓的声音，而且知道他们在戏台下买豆浆喝。

这一天我不钓虾，东西也少吃。母亲很为难，没有法子想。到晚饭时候，外祖母也终于觉察了，并且说我应当不高兴，他们太怠慢，是待客的礼数里从来没有的。吃饭之后，看过戏的少年们也都聚拢来了，高高兴兴的来讲戏。只有我不开口；他们都叹息而且表同情。忽然间，一个最聪明的双喜大悟似的提议了，他说："大船？八叔的航船不是回来了么？"十几个别的少年也大悟，立刻撺掇起来，说可以坐了这航船和我一同去。我高兴了。然而外祖母又怕都是孩子们，不可靠；母亲又说是若叫大人一同去，他们白天全有工作，要他熬夜，是不合情理的。在这迟疑之中，双喜可又看出底细来了，便又大声的说道："我写包票！船又大；迅哥儿向来不乱跑；我们又都是识水性的！"

诚然！这十多个少年，委实没有一个不会凫水的，而且两三个还是弄潮的好手。

外祖母和母亲也相信，便不再驳回，都微笑了。我们立刻一哄的出了门。

我的很重的心忽而轻松了，身体也似乎舒展到说不出的大。一出门，便望见月下的平桥内泊着一只白篷的航船，大家跳下船，双喜拔前篙，阿发拔后篙，年幼的都陪我坐在舱中，较大的聚在船尾。母亲送出来吩咐"要小心"的时候，我们已经点开船，在桥石上一磕，退后几尺，即又上前出了桥。于是架起两支橹，一支两人，一里一换，有说笑的，有嚷的，夹着潺潺的船头激水的声音，在左右都是碧绿的豆麦田地的河流中，飞一般径向赵庄前进了。

两岸的豆麦和河底的水草所发散出来的清香，夹杂在水气中扑面的吹来；月色便朦胧在这水气里。淡黑的起伏的连山，仿佛是踊跃的铁的兽脊似的，都远远的向船尾跑去了，但我却还以为船慢。他们换了四回手，渐望见依稀的赵庄，而且似乎听到歌吹了，还有几点火，料想便是戏台，但或者也许是渔火。

那声音大概是横笛，宛转，悠扬，使我的心也沉静，然而又自失起来，觉得要和他弥散在含着豆麦蕴藻之香的夜气里。

那火接近了，果然是渔火；我才记得先前望见的也不是赵庄。那是正对船头的一丛松柏林，我去年也曾经去游玩过，还看见破的石马倒在地下，一个石羊蹲在草里呢。过了那林，船便弯进了汊港，于是赵庄便真在眼前了。

最惹眼的是屹立在庄外临河的空地上的一座戏台，模糊在远处的月夜中，和空间几乎分不出界限，我疑心画上见过的仙境，就在这里出现了。这时船走得更快，不多时，在台上显出人物来，红红绿绿的动，近台的河里一望乌黑的是看戏的人家的船篷。

"近台没有什么空了，我们远远的看罢。"阿发说。

这时船慢了，不久就到，果然近不得台旁，大家只能下了篙，比那正对戏台的神棚还要远。其实我们这白篷的航船，本也不愿意和乌篷的船在一处，而况并没有空地呢……

在停船的匆忙中，看见台上有一个黑的长胡子的背上插着四张旗，捏着长枪，和一群赤膊的人正打仗。双喜说，那就是有名的铁头老生，能连翻八十四个筋斗，他日里亲自数过的。

我们便都挤在船头上看打仗，但那铁头老生却又并不翻筋斗，只有几个赤膊的人翻，翻了一阵，都进去了，接着走出一个小旦来，咿咿呀呀的唱。双喜说："晚上看客少，铁头老生也懈了，谁肯显本领给白地看呢？"我相信这话对，因为其时台下已经不很有人，乡下人为了明天的工作，熬不得夜，早都睡觉去了，疏疏朗朗的站着的不过是几十个本村和邻村的闲汉。乌篷船里的那些土财主的家眷固然在，然而他们也不在乎看戏，多半是专到戏台下来吃糕饼、水果和瓜子的。所以简直可以算白地。

然而我的意思却也并不在乎看翻筋斗。我最愿意看的是一个人蒙了白布，两手在头上捧着一支棒似的蛇头的蛇精，其次是套了黄布衣跳老虎。但是等了许多时都不见，小旦虽然进去了，立刻又出来了一个很老的小生。我有些疲倦了，托桂生买豆浆去。他去了一刻，回来说："没有。卖豆浆的聋子也回去了。日里倒有，我还喝了两碗呢。现在去舀一瓢水来给你喝罢。"

我不喝水，支撑着仍然看，也说不出见了些什么，只觉得戏子的脸都渐渐的有些稀奇了，那五官渐不明显，似乎融成一片的再没有什么高低。年纪小的几个多打呵欠了，大的也各管自己谈话。忽而一个红衫的小丑被绑在台柱子上，给一个花白胡子的用马鞭打起来了，大家才又振作精神的笑着看。在这一夜里，我以为这实在要算是最好的一折。

然而老旦终于出台了。老旦本来是我所最怕的东西，尤其是怕他坐下了唱。这时候，看见大家也都很扫兴，才知道他们的意见是和我一致的。那老旦当初还只是踱来踱去的唱，后来竟在中间的一把交椅上坐下了。我很担心；双喜他们却就破口喃喃的骂。我忍耐的等着，许多工夫，只见那老旦将手一抬，我以为就要站起来了，不料他却又慢慢的放下在原地方，仍旧唱。全船里几个人不住的吁气，其余的也打起哈欠来。双喜终于熬不住了，说道，怕他会唱到天明还不完，还是我们走的好罢。大家立刻都赞成，和开船时候一样踊跃，三四人径奔船尾，拔了篙，点退几丈，回转船头，驾起橹，骂着老旦，又向那松柏林前进了。

　　月还没有落，仿佛看戏也并不很久似的，而一离赵庄，月光又显得格外的皎洁。回望戏台在灯火光中，却又如初来未到时候一般，又缥缈得像一座仙山楼阁，满被红霞罩着了。吹到耳边来的又是横笛，很悠扬；我疑心老旦已经进去了，但也不好意思说再回去看。

　　不多久，松柏林早在船后了，船行也并不慢，但周围的黑暗只是浓，可知已经到了深夜。他们一面议论着戏子，或骂，或笑，一面加紧的摇船。这一次船头的激水声更其响亮了，那航船，就像一条大白鱼背着一群孩子在浪花里蹿，连夜渔的几个老渔父，也停了艇子看着喝彩起来。

离平桥村还有一里模样，船行却慢了，摇船的都说很疲乏，因为太用力，而且许久没有东西吃。这回想出来的是桂生，说是罗汉豆正旺相，柴火又现成，我们可以偷一点来煮吃的。大家都赞成，立刻近岸停了船；岸上的田里，乌油油的都是结实的罗汉豆。

"阿阿，阿发，这边是你家的，这边是老六一家的，我们偷那一边的呢？"双喜先跳下去了，在岸上说。

我们也都跳上岸。阿发一面跳，一面说道："且慢，让我来看一看罢，"他于是往来的摸了一回，直起身来说道，"偷我们的罢，我们的大得多呢。"一声答应，大家便散开在阿发家的豆田里，各摘了一大捧，抛入船舱中。双喜以为再多偷，倘给阿发的娘知道是要哭骂的，于是各人便到六一公公的田里又各偷了一大捧。

我们中间几个年长的仍然慢慢的摇着船，几个到后舱去生火，年幼的和我都剥豆。不久豆熟了，便任凭航船浮在水面上，都围起来用手撮着吃。吃完豆，又开船，一面洗器具，豆荚豆壳全抛在河水里，什么痕迹也没有了。双喜所虑的是用了八公公船上的盐和柴，这老头子很细心，一定要知道，会骂的。然而大家议论之后，归结是不怕。他如果骂，我们便要他归还去年在岸边拾去的一枝枯柏树，而且当面叫他"八癞子"。

"都回来了！那里会错。我原说过写包票的！"双喜在船头上忽而大声的说。

我向船头一望，前面已经是平桥。桥脚上站着一个人，却是我的母亲，双喜便是对伊说着话。我走出前舱去，船也就进了平桥了，停了船，我们纷纷都上岸。母亲颇有些生气，说是过了三更了，怎么回来得这样迟，但也就高兴了，笑着邀大家去吃炒米。

大家都说已经吃了点心，又渴睡，不如及早睡的好，各自回去了。

第二天，我向午①才起来，并没有听到什么关系八公公盐柴事件的纠葛，下午仍然去钓虾。

"双喜，你们这班小鬼，昨天偷了我的豆了罢？又不肯好好的摘，踏坏了不少。"我抬头看时，是六一公公棹着小船，卖了豆回来了，船肚里还有剩下的一堆豆。

"是的。我们请客。我们当初还不要你的呢。你看，你把我的虾吓跑了！"双喜说。

六一公公看见我，便停了楫，笑道："请客？——这是应该的。"于是对我说，"迅哥儿，昨天的戏可好么？"

我点一点头，说道："好。"

_____

① 向午，将近中午。

“豆可中吃呢？”

我又点一点头，说道：“很好。”

不料六一公公竟非常感激起来，将大拇指一翘，得意的说道："这真是大市镇里出来的读过书的人才识货！我的豆种是粒粒挑选过的，乡下人不识好歹，还说我的豆比不上别人的呢。我今天也要送些给我们的姑奶奶尝尝去……"他于是打着楫子过去了。

待到母亲叫我回去吃晚饭的时候，桌上便有一大碗煮熟了的罗汉豆，就是六一公公送给母亲和我吃的。听说他还对母亲极口夸奖我，说"小小年纪便有见识，将来一定要中状元。姑奶奶，你的福气是可以写包票的了"。但我吃了豆，却并没有昨夜的豆那么好。

真的，一直到现在，我实在再没有吃到那夜似的好豆，——也不再看到那夜似的好戏了。

一九二二年十月

你有哪些儿时趣事呢？一起来分享吧！

无条件劳动

————年———月———日

姉妹

学画回忆

【题注】本篇曾载 1935 年 3 月《良友》第 103 期。1957 年版《缘缘堂随笔》中有改动，现按原文。

假如有人探寻我儿时的事，为我作传记或讣启，可以为我说得极漂亮："七岁入塾即擅长丹青。课余常摹古人笔意，写人物图，以为游戏。同塾年长诸生竞欲乞得其作品而珍藏之，甚至争夺殴打。师闻其事，命出画观之，不信，谓之曰：'汝真能画，立为我作至圣先师孔子像！不成，当受罚。'某从容研墨伸纸，挥毫立就，神颖哗然。师弃戒足于地，叹曰：'吾无以教汝矣！'遂装裱其画，悬诸塾中，命诸生朝夕礼拜焉。于是亲友竞乞其画像，所作无不维妙维肖。……"百年后的人读了这段记载，便会赞叹道："七岁就有作品，真是天才，神童！"

　　假借他人口吻为自己立传，语言幽默，文言句式，言简意赅。

　　朋友来信要我写些关于儿时学画的回忆的话。我就根据上面的一段话写些吧。上面的话都是事实，不过欠详明些，宜解释之如下：

我七八岁时——到底是七岁或八岁，现在记不清楚了。但都可说，说得小了可说是照外国算法的；说得大了可说是照中国算法的。——入私塾，先读《三字经》，后来又读《千家诗》。《千家诗》每页上端有一幅木板画，记得第一幅画的是一只大象和一个人，在那里耕田，后来我知道这是二十四孝中的大舜耕田图。但当时并不知道画的是什么意思，只觉得看上端的画，比读下面的"云淡风轻近午天"有趣。我家开着染坊店，我向染匠司务讨些颜料来，溶化在小盅子里，用笔蘸了为书上的单色画着色，涂一只红象，一个蓝人，一片紫地，自以为得意。但那书的纸不是道林纸，而是很薄的中国纸，颜料涂在上面的纸上，会渗透下面好几层。我的颜料笔又吸得饱，透得更深。等得着好色，翻开书来一看，下面七八页上，都有一只红象、一个蓝人和一片紫地，好像用三色版套印的。

🍒 七八岁入私塾，嫌文字枯燥，喜木板画有趣，遂蘸笔着色，红象，蓝人，紫地，好一派独特的"大舜耕田图"。只是，颜料渗透了书页，怕是闯祸了。

第二天上书的时候，父亲——就是我的先生——就骂，几乎要打手心；被母亲不知大姐劝住了，终于没有打。我抽抽咽咽地哭了一顿，把颜料盅子藏在扶梯底下了。晚上，等到先生——就是我的父亲——上鸦片馆去了，我再向扶梯底下取出颜料盅子，叫红英——管我的女仆——到店堂里去偷几张煤头纸[1]来，就在扶梯底下的半桌上的"洋油手照"[2]底下描色彩画。画一个红人，一只蓝狗，一间紫房子……这些画的最初的鉴赏者，便是红英。后来母亲和诸姐也看到了，她们都说"好"；可是我没有给父亲看，防恐吃手心。这就叫做"七岁入塾即擅长丹青"。况且向染坊店里讨来的颜料不止丹和青呢！

　　🍒 骂是骂了，但打没有打；哭是哭了，藏也藏了，但从此在"我"心里种下了一个彩色的绘画梦。

　　后来，我在父亲晒书的时候找到了一部人物画谱，翻一翻，看见里面花样很多，便偷偷地取出了，藏在自己的抽斗里。晚上，又偷偷地拿到扶梯底下的半桌上去给红英看。这回不想再在书上着色；

---

① 煤头纸，指卷成纸筒后用以引火的一种薄纸。
② 洋油手照，作者家乡话，意即火油灯。

寫生

写生

却想照样描几幅看，但是一幅也描不像。亏得红英想工①好，教我向习字簿上撕下一张纸来，印着了描。记得最初印着描的是人物谱上的柳柳州像。当时第一次印描没有经验，笔上墨水吸得太饱，习字簿上的纸又太薄，结果描是描成了，但原本上渗透了墨水，弄得很龌龊，曾经受大姐的责骂。这本书至今还存在，最近我晒旧书时候还翻出这个弄龌龊了的柳柳州像来看：穿了很长的袍子，两臂高高地向左右伸起，仰起头作大笑状。但周身都是斑斓的墨点，便是我当日印上去的。回思我当日最初就印这幅画的原因，大概是为了他高举两臂作大笑状，好像我的父亲打呵欠的模样，所以特别有兴味吧。后来，我的"印画"的技术渐渐进步。大约十二三岁的时候（父亲已经弃世，我在另一私塾读书了），我已把这本人物谱统统印全。所用的纸是雪白的连史纸，而且所印的画都着色。着色所用的颜料仍旧是染坊里的，但不复用原色。我自己会配出各种的间色来，在画上施以复杂华丽的色彩，同塾的学生看了都很欢喜，大家说"比原本上的好看得多！"而且大家问我讨画，拿去贴在灶间里，当作灶君菩萨，或者贴在床前，当作新年里买的"花纸儿"。所以说我"课余常摹古人笔意，写人物花鸟之图，以为游戏。同塾年长诸生竞欲乞得其作品而珍藏之"，也都有因；不过其事实是如此。

---

① 想工，作者家乡话，意即办法。

🍒 七八岁上，开始描摹父亲晒书时的人物画谱，至十二三岁上，画谱描完。配色技艺无师自通，使之远超原来的版本。"翻出这个弄龌龊了的柳柳州像来看：穿了很长的袍子，两臂高高地向左右伸起，仰起头作大笑状。"该句通过对人物衣着、动作和神态的描写，将柳宗元形象地展现在读者面前，让读者如见其人，如闻其笑声。

至于学生夺画相殴打，先生请我画至圣先师孔子像，悬诸塾中，命诸生晨夕礼拜，也都是确凿的事实，你听我说吧：那时候我们在私塾中弄画，同在现在社会里抽鸦片一样，是不敢公开的。我好像是一个土贩或私售灯吃的，同学们好像是上了瘾的鸦片鬼，大家在暗头里作勾当。先生坐在案桌上的时候，我们的画具和画都藏好，大家一摇一摆地读"幼学"书。等到下午，照例一个大块头来拖先生出去吃茶了，我们便拿出来弄画。我先一幅幅地印出来，然后一幅幅地涂颜料。同学们便像看病时向医生挂号一样，依次认定自己所欲得的画。得画的人对我有一种报酬，但不是稿费或润笔，而是种种玩意儿：金铃子一对连纸匣；挖空老菱壳一只，可以加上绳子去当作陀螺抽的；"云"字顺治铜钱一枚（有的顺治铜钱，后面有一个字，字共有二十种。我们儿时听大人说，积得了一套，用绳编成宝剑形状，挂在床上，夜间一切鬼都不敢来。但其中，好像是"云"字，最不易得；往往为缺少此一字而编不成宝剑。故这种铜钱在当时的我们之间是一种贵重的赠品），或者铜管子（就是当时炮船上新用的后膛枪子弹的壳）一个。有一次，两个同学为交换一张画，意见冲突，相打起来，被先生知道了。先生审问之下，知道相打的原因是为画；追求画的来源，知道是我所作，便厉声喊我走过去。我料想是吃戒尺了，低着头不睬，但觉得手心里火热了。终于先生走过来了。我已吓得魂不附体；但他走到我的坐位旁边，并不拉我的手，却问我"这画是不是你画的？"我回答一个"是"字，预备吃戒尺了。他把我的身体拉开，抽开我的抽斗，搜查起来。我的画谱、颜料，以及印好而未着色的画，就都被他搜出，我以为这些东西全被没收了：结果不然，他但把画谱拿了去，坐在自己的椅子上一张一张地观赏起来。过了好一会，先生旋转头来叱一声"读！"大家朗朗地读"混沌初开，乾坤始奠……"这件案子便停顿了。我偷眼看先生，见他把画谱一张一张地翻下去，一直翻到底。放假①的时候我夹了书包走到他面前去作一个揖，他换了一种与前不同的语气对我说："这书明天给你。"

_____

① 放假，指放学。

清平乐　儿童节即景

良朋咸集　欢度儿童节　天气清和人快活　个个兴高采烈
唱歌拍手声中　饼干糖果香浓　邀请公公列席　祝他返老还童

明天早上我到塾，先生翻出画谱中的孔子像，对我说："你能
看了样画一个大的吗？"我没有防到先生也会要我画起画来，有些
"受宠若惊"的感觉，支吾地回答说"能"。其实我向来只是"印"，
不能"放大"。这个"能"字是被先生的威严吓出来的。说出之后
心头发一阵闷，好像一块大石头吞在肚里了。先生继续说："我去
买张纸来，你给我放大了画一张，也要着色彩的。"我只得说"好"。
同学们看见先生要我画画了，大家装出惊奇和羡慕的脸色，对着我
看。我却带着一肚皮心事，直到放假。

放假时我夹了书包和先生交给我的一张纸回家，便去向大姐商量。大姐教我，用一张画方格子的纸，套在画谱的书页中间。画谱纸很薄，孔子像就有经纬格子范围着了。大姐又拿缝纫用的尺和粉线袋给我在先生交给我的大纸上弹了大方格子，然后向镜箱中取出她画眉毛用的柳条枝来，烧一烧焦，教我依方格子放大的画法。那时候我们家里还没有铅笔和三角板、米突〔米（metre）〕尺，我现在回想大姐所教我的画法，其聪明实在值得佩服。我依照她的指导，竟用柳条枝把一个孔子像的底稿描成了；同画谱上的完全一样，不过大得多，同我自己的身体差不多大。我伴着了热烈的兴味，用毛笔钩出线条；又用大盆子调了多量的颜料，着上色彩，一个鲜明华丽而伟大的孔子像就出现在纸上。店里的伙计，作坊里的司务，看见了这幅孔子像，大家说"出色！"还有几个老妈子，尤加热烈地称赞我的"聪明"和画的"齐整"①，并且说："将来哥儿给我画个容像，死了挂在灵前，也沾些风光。"我在许多伙计、司务和老妈子的盛称声中，俨然地成了一个小画家。但听到老妈子要托我画容像，心中却有些儿着慌。我原来只会"依样画葫芦"的！全靠那格子放大的枪花②，把书上的小画改成为我的"大作"；又全

---

① 齐整，作者家乡话，意即漂亮。
② 江南一带方言中有"掉枪花"的说法，意即"耍手段"。

靠那颜色的文饰，使书上的线描一变而为我的"丹青"。格子放大是大姐教我的，颜料是染匠司务给我的，归到我自己名下的工作，仍旧只有"依样画葫芦"。如今老妈子要我画容像，说"不会画"有伤体面；说"会画"将来如何兑现？且置之不答，先把画缴给先生去。先生看了点头。次日画就粘贴在堂名匾下的板壁上。学生们每天早上到塾，两手捧着书包向它拜一下；晚上散学，再向它拜一下。我也如此。

> 原本放大孔子画像，于"我"而言，是难上加难的，不承想，这一难题竟被聪明的大姐给攻克了。于是乎，"我"伴着热烈，毛笔勾线①，大盆调色，一个鲜明、华丽、伟大的孔子自此诞生了。

自从我的"大作"在塾中的堂前发表以后，同学们就给我一个绰号"画家"。每天来访先生的那个大块头看了画，点点头对先生说："可以。"这时候学校初兴，先生忽然要把我们的私塾大加改良了。他买一架风琴来，自己先练习几天，然后教我们唱"男儿第一志气高，年纪不妨小"的歌。又请一个朋友来教我们学体操。我们都很高兴。有一天，先生呼我走过去，拿出一本书和一大块黄

---

① 原文为"钩线"，但考虑到现在的语言规范，点评时用了"勾线"。——编者注。

拍拍高高凳凳浪写图图

布来，和蔼地对我说："你给我在黄布上画一条龙，"又翻开书来，继续说："照这条龙一样。"原来这是体操时用的国旗。我接受了这命令，只得又去向大姐商量，再用老法子把龙放大，然后描线，涂色。但这回的颜料不是从染坊店里拿来，是由先生买来的铅粉、牛皮胶和红、黄、蓝各种颜色。我把牛皮胶煮溶了，加入铅粉，调制各种不透明的颜料，涂到黄布上，同西洋中世纪的 fresco〔壁画〕画法相似。龙旗画成了，就被高高地张在竹竿上，引导学生通过市镇，到野外去体操。我悔不在体操后偷把龙旗藏过了，好让我的传记里添两句："其画龙点睛后忽不见，盖已乘云上天矣。"我的"画家"绰号自此更盛行；而老妈子的画像也催促得更紧了。

🍒 首战告捷，二次"出山"，一条飞龙跃然黄布上，飘扬在蓝天下，穿过市镇，穿过田野，好不威风！

我再向大姐商量。她说二姐丈会画肖像，叫我到他家去"偷关子"。我到二姐丈家，果然看见他们有种种特别的画具：玻璃九宫格、擦笔、conté①、米突尺，三角板。我向二姐丈请教了些笔法，借了些画具，又借了一包照片来，作为练习的样本。因为那时我们家乡地方没有照相馆，我家里没有可用玻璃格子放大的四寸半身照

————————————
① conté，即 crayon conté，木炭铅笔。

片。回家以后，我每天一放学就埋头在擦笔照相画中。这原是为了老妈子的要求而"抱佛脚"的；可是她没有照相，只有一个人。我的玻璃格子不能罩到她的脸孔上去，没有办法给她画像。天下事有会巧妙地解决的。大姐在我借来的一包样本中选出某老妇人的一张照片来，说："把这个人的下巴改尖些，就活像我们的老妈子了。"我依计而行，果然画了一幅八九分像的肖像画，外加在擦笔上面涂以漂亮的淡彩：粉红色的肌肉，翠蓝色的上衣，花带镶边；耳朵上外加挂上一双金黄色的珠耳环。老妈子看见珠耳环，心花盛开，即使完全不像，也说"像"了。自此以后，亲戚家死了人我就有差使——画容像。活着的亲戚也拿一张小照来叫我放大，挂在厢房里；预备将来可现成地移挂在灵前。我十七岁出外求学，年假、暑假回家时还常常接受这种义务生意。直到我十九岁时，从先生学了木炭写生画，读了美术的论著，方才把此业抛弃。到现在，在故乡的几位老伯伯和老太太之间，我的擦笔肖像画家的名誉依旧健在；不过他们大都以为我近来"不肯"画了，不再来请教我。前年还有一位老太太把她的新死了的丈夫的四寸照片寄到我上海的寓所来，哀求地托我写照。此道我久已生疏，早已没有画具，况且又没有时间和兴味。但无法对她说明，就把照片送到霞飞路的某照相馆里，托他们放大为廿四寸的，寄了去。后遂无问津者。

🍒 回忆学画肖像的过程，于黑暗中摸索，却未曾间断。"粉红色的肌肉，翠蓝色的上衣，花带镶边；耳朵上外加挂上一双金黄色的珠耳环。"该句运用各种颜色的形容词，描绘了老妈子的肖像画，色彩纷呈，如在眼前。

假如我早得学木炭写生画，早得受美术论著的指导，我的学画不会走这条崎岖的小径。唉，可笑的回忆，可耻的回忆，写在这里，给世间学画的人作借镜吧。

🍒 先生自认学画的回忆是可笑又可耻的，这是何等的严于己啊！这份精神，吾辈当学之。

一九三四年二月作

写生的写生

全文回忆了"我"儿时学画的几件事——给"大舜耕田图"涂色、描绘父亲的人物画谱、画孔子画像、在黄布上画飞龙做旗子、给乡里亲朋画肖像，表现了作者走上绘画这条路途的曲折和不易。

私塾记忆

　　文中第六段文字描绘了作者在私塾读书时，课上学生们的顽皮。鲁迅先生在《从百草园到三味书屋》中也回忆了一段在私塾读书的时光，我们一起来看看，他们有什么相似之处吗？写一写吧！

写一写

从百草园到三味书屋（节选）

鲁迅

出门向东，不上半里，走过一道石桥，便是我的先生的家了。从一扇黑油的竹门进去，第三间是书房。中间挂着一块匾道：三味书屋；匾下面是一幅画，画着一只很肥大的梅花鹿伏在古树下。没有孔子牌位，我们便对着那匾和鹿行礼。第一次算是拜孔子，第二次算是拜先生。

第二次行礼时，先生便和蔼地在一旁答礼。他是一个高而瘦的老人，须发都花白了，还戴着大眼镜。我对他很恭敬，因为我早听到，他是本城中极方正，质朴，博学的人。

不知从哪里听来的，东方朔也很渊博，他认识一种虫，名曰"怪哉"，冤气所化，用酒一浇，就消释了。我很想详细地知道这故事，但阿长是不知道的，因为她毕竟不渊博。现在得到机会了，可以问先生。

"先生，'怪哉'这虫，是怎么一回事？……"我上了生书，将要退下来的时候，赶忙问。

"不知道！"他似乎很不高兴，脸上还有怒色了。

我才知道做学生是不应该问这些事的，只要读书，因为他是渊博的宿儒，决不至于不知道，所谓不知道者，乃是不愿意说。年纪比我大的人，往往如此，我遇见过好几回了。

我就只读书，正午习字，晚上对课。先生最初这几天对我很严厉，后来却好起来了，不过给我读的书渐渐加多，对课也渐渐地加上字去，从三言到五言，终于到七言。

三味书屋后面也有一个园，虽然小，但在那里也可以爬上花坛去折蜡梅花，在地上或桂花树上寻蝉蜕。最好的工作是捉了苍蝇喂蚂蚁，静悄悄地没有声音。然而同窗们到园里的太多，太久，可就不行了，先生在书房里便大叫起来：

"人都到哪里去了！"

人们便一个一个陆续走回去；一同回去，也不行的。他有一条戒尺，但是不常用，也有罚跪的规则，但也不常用，普通总不过瞪几眼，大声道：

“读书！”

于是大家放开喉咙读一阵书，真是人声鼎沸。有念“仁远乎哉我欲仁斯仁至矣”的，有念“笑人齿缺曰狗窦大开”的，有念“上九潜龙勿用”的，有念“厥土下上上错厥贡苞茅橘柚”的……先生自己也念书。后来，我们的声音便低下去，静下去了，只有他还大声朗读着：

“铁如意，指挥倜傥，一座皆惊呢；金叵罗，颠倒淋漓噫，千杯未醉嗬……”

我疑心这是极好的文章，因为读到这里，他总是微笑起来，而且将头仰起，摇着，向后面拗过去，拗过去。

先生读书入神的时候，于我们是很相宜的。有几个便用纸糊的盔甲套在指甲上做戏。我是画画儿，用一种叫作“荆川纸”的，蒙在小说的绣像上一个个描下来，像习字时候的影写一样。读的书多起来，画的画也多起来；书没有读成，画的成绩却不少了，最成片段的是《荡寇志》和《西游记》的绣像，都有一大本。后来，为要钱用，卖给一个有钱的同窗了。他的父亲是开锡箔店的；听说现在自己已经做了店主，而且快要升到绅士的地位了。这东西早已没有了罢。

九月十八日 ①

---

① 一九二六年。

学校生活的发条

你的童年又有哪些深刻的回忆呢？记录下吧！

得其所哉　得其所哉

星期六之夜

作父亲

【题注】本篇曾载 1933 年 7 月 1 日《文学》杂志第 1 卷第 1 号。

楼窗下的弄里远地传来一片声音："咿哟，咿哟……"渐近渐响起来。

🍒 开篇用具体的吆喝声来描绘画面，构建一个引人遐想的场景。交代事情发生的地点——楼窗下的弄里。

一个孩子从算草簿中抬起头来，张大眼睛倾听一会，"小鸡！小鸡！"叫了起来。四个孩子同时放弃手中的笔，飞奔下楼，好像路上的一群麻雀听见了行人的脚步声而飞去一般。

我刚才扶起他们所带倒的凳子，抬起桌子上滚下去的铅笔，听见大门口一片呐喊："买小鸡！买小鸡！"其中又混着哭声。连忙下楼一看，原来元草因为落伍而狂奔，在庭中跌了一交，跌痛了膝盖骨不能再跑，恐怕小鸡被哥哥、姐姐们买完了轮不着他，所以激烈地哭着。我扶了他走出大门口，看见一群孩子正向一个挑着一担"咿哟，咿哟"的人招呼，欢迎他走近来。元草立刻离开我，上前去加入团体，且跳且喊："买小鸡！买小鸡！"泪珠跟了他的一跳一跳而从脸上滴到地上。

孩子们见我出来，大家回转身来包围了我。"买小鸡！买小鸡！"的喊声由命令的语气变成了请愿的语气，喊得比前更响了。他们仿佛想把这些音蓄入我的身体中，希望它们由我的口上开出来。独有元草直接拉住了担子的绳而狂喊。

褓負其子

我全无养小鸡的兴趣；而且想起了以后的种种麻烦，觉得可怕。但乡居寂寥，绝对屏除外来的诱惑而强迫一群孩子在看惯的几间屋子里隐居这一个星期日，似也有些残忍。且让这个"咿哟、咿哟"来打破门庭的岑寂，当作长闲的春昼的一种点缀吧。我就招呼挑担的，叫他把小鸡给我们看看。

这一段主要运用心理描写，写了"我"不爱养小鸡的原因。又因不忍孩子们隐居的寂寥，故招呼挑担的看小鸡，事情有了转机。

他停下担子，揭开前面的一笼。"咿哟，咿哟"的声音忽然放大。但见一个细网的下面，蠕动着无数可爱的小鸡，好像许多活的雪球。五六个孩子蹲集在笼子的四周，一齐倾情地叫着"好来！好来！"一瞬间我的心也屏绝了思虑而没入在这些小动物的姿态的美中，体会了孩子们对于小鸡的热爱的心情。许多小手伸入笼中，竞指一只纯白的小鸡，有的几乎要隔网捉住它。挑担的忙把盖子无情地冒上，许多"咿哟，咿哟"的雪球和一群"好来，好来"的孩子就变成了咫尺天涯。孩子们怅望笼子的盖，依附在我的身边，有的伸手摸我的袋。我就向挑担的人说话：

"小鸡卖几钱一只？"

"一块洋钱四只。"

"这样小的，要卖二角半钱一只？可以便宜些否？"

"便宜勿得，二角半钱最少了。"

🍒 这一部分写了事情发展的第一阶段——讨价还价第一波。"挑担的"把小鸡笼一"揭"一"盖"，抓住了孩子们的心理，两处动作描写尽显商贩的精明。

他说过，挑起担子就走。大的孩子脉脉含情地目送他，小的孩子拉住了我的衣襟而连叫"要买！要买！"挑担的越走得快，他们喊得越响。我摇手止住孩子们的喊声，再向挑担的问：

"一角半钱一只卖不卖？给你六角钱买四只吧！"

"没有还价！"

他并不停步，但略微旋转头来说了这一句话，就赶紧向前面跑。"伊哟，咿哟"的声音渐渐地远起来了。

🍒 事情发展的第二阶段——第二次还价，"挑担的"依旧坚持原价。目送、拉住、连叫等动词将孩子们急切想留住小鸡崽商贩的心情刻画出来。

元草的喊声就变成哭声。大的孩子锁着眉头不绝地探望挑担者的背影，又注视我的脸色。我用手掩住了元草的口，再向挑担人远远地招呼：

"二角大洋一只，卖了吧！"

"没有还价！"

他说过便昂然地向前进行，悠长地叫出一声"卖——小——鸡——！"其背影便在弄口的转角上消失了。我这里只留着一个嚎陶大哭的孩子。

🍒 第三次还价，依旧没谈成。伴随着孩子的哭声和小商贩悠长的叫卖声，事情发展到高潮，更展现了孩子们无尽的失望。每次孩子们以为有希望时，都被"挑担的"坚定不移的态度和昂然向前的脚步给浇灭了，真是一波三折。

对门的大嫂子曾经从矮门上探头出来看过小鸡，这时候就拿着针线走出来，倚在门上，笑着劝慰哭的孩子，她说：

"不要哭！等一会儿还有担子挑来，我来叫你呢！"她又笑着向我说：

"这个卖小鸡的想做好生意。他看见小孩子哭着要买，越是不肯让价了。昨天坍墙圈里买的一角洋钱一只，比刚才的还大一半呢！"

BROKEN HEART

我同她略谈了几句，硬拉了哭着的孩子回进门来。别的孩子也懒洋洋地跟了进来。我原想为长闲的春昼找些点缀而走出门口来的，不料讨个没趣，扶了一个哭着的孩子而回进来。庭中柳树正在骀荡的春光中摇曳柔条，堂前的燕子正在安稳的新巢上低徊软语。我们这个刁巧的挑担者和痛哭的孩子，在这一片和平美丽的春景中很不调和啊！

关上大门，我一面为元草揩拭眼泪，一面对孩子们说：

"你们大家说'好来，好来''要买，要买'，那人就不肯让价了！"

小的孩子听不懂我的话，继续抽噎着；大的孩子听了我的话若有所思。我继续抚慰他们：

"我们等一会再来买吧，隔壁大妈会喊我们的。但你们下次……"

🍒 事情的结局——因讲价不成，没买小鸡，孩子们高兴而去，败兴而归。只留下抹泪的元草和懒洋洋的孩子们。"庭中柳树正在骀荡的春光中摇曳柔条，堂前的燕子正在安稳的新巢上低徊软语。"此句为景物描写，旨在用美好的春景来反衬人物沮丧的心情。

我不说下去了。因为下面的话是"看见好的嘴上不可说好，想要的嘴上不可说要"。倘再进一步，就变成"看见好的嘴上应该说不好，想要的嘴上应该说不要"了。在这一片天真烂漫光明正大的春景中，向哪里容藏这样教导孩子的一个父亲呢？

🍒 最后一段是事情的尾声，用议论的表达方式，对自己教导孩子中出现的不足进行反思。

廿二［1933］年五月二十日

九十九度的父爱

　　全文按时间顺序，记叙了在春日的楼房弄里，孩子们想买小鸡却因大人讲价不成而没买成的事情，表现了孩子们对小动物深深的热爱、挑担者的刁巧以及"我"作为父亲的反思。融合记叙、议论两种表达方式，并运用语言描写、动作描写、心理描写等写作手法，选取日常生活中的常见事情，使文章语言既生动形象，又真实可感。

做小孩

1.在生活中，我们经常会见到这样的场景：商场里，缠着妈妈买玩具赖着不肯走的小孩；公园里，望着海盗船被爸爸硬拉着拖行的小孩；集市上，眼巴巴地盯着糖葫芦流口水的小孩……这些小孩形态各异，他们关注的东西也各有特色，但都一样地纯真可爱。你会怎样描写一个专注于某项事物的孩子呢？试一试吧！

2.尝试把你印象中最深的一个场景画下来，或者写下来，可以模仿下面的段落。

写一写

　　他停下担子，揭开前面的一笼。"咿哟，咿哟"的声音忽然放大。但见一个细网的下面，蠕动着无数可爱的小鸡，好像许多活的雪球。五六个孩子蹲集在笼子的四周，一齐倾情地叫着"好来！好来！"一瞬间我的心也屏绝了思虑而没入在这些小动物的姿态的美中，体会了孩子们对于小鸡的热爱的心情。许多小手伸入笼中，竞指一只纯白的小鸡，有的几乎要隔网捉住它。挑担的忙把盖子无情地冒上，许多"咿哟，咿哟"的雪球和一群"好来，好来"的孩子就变成了咫尺天涯。孩子们怅望笼子的盖，依附在我的身边，有的伸手摸我的袋。

父爱和母爱都无私且伟大，你的父母是怎样表达对你的爱的？记录下吧！

兼母之父

＿＿＿＿年＿＿＿月＿＿＿日

阿宝七岁

送阿宝出黄金时代

阿宝，我和你在世间相聚，至今已十四年了，在这五千多天内，我们差不多天天在一处，难得有分别的日子。我看着你呱呱坠地，嘤嘤学语，看你由吃奶改为吃饭，由匍匐学成跨步。你的变态微微地逐渐地展进，没有痕迹，使我全然不知不觉，以为你始终是我家的一个孩子，始终是我们这家庭里的一种点缀，始终可做我和你母亲的生活的慰安者。然而近年来，你态度行为的变化，渐渐证明其不然。你已在我们的不知不觉之间长成了一个少女，快将变为成人了。古人谓"父母之年不可不知也，一则以喜，一则以惧。"我现在反行了古人的话，在送你出黄金时代的时候，也觉得悲喜交集。

🍒 开篇由回忆阿宝近十四年的种种变化，表达作者送孩子出童年的悲喜之情。末句点明文题，总领下文。

所喜者，近年来你的态度行为的变化，都是你将由孩子变成成人的表示。我的辛苦和你母亲的劬劳似乎有了成绩，私心庆慰。所悲者，你的黄金时代快要度尽，现实渐渐暴露，你将停止你的美丽的梦，而开始生活的奋斗了，我们仿佛丧失了一个从小依傍在身边的孩子，而另得了一个新交的知友。"乐莫乐于新相知"；然而旧日天真烂漫的阿宝，从此永远不得再见了！

　　🍒 紧承上文，分说阿宝的变化令"我"欢喜和悲伤的原因。阿宝的成长令"我"欢喜；阿宝孩提时代的逝去令"我"伤心。

　　记得去春有一天，我拉了你的手在路上走。落花的风把一阵柳絮吹在你的头发上，脸孔上，和嘴唇上，使你好像冒了雪，生了白胡须。我笑着搂住了你的肩，用手帕为你拂拭。你也笑着，仰起了头依在我的身旁。这在我们原是极寻常的事：以前每天你吃过饭，是我同你洗脸的。然而路上的人向我们注视，对我们窃笑，其意思仿佛在说："这样大的姑娘儿，还在路上教父亲搂住了拭脸孔！"我忽然看见你的身体似乎高大了，完全发育了，已由中性似的孩子变成十足的女性了。我忽然觉得，我与你之间似乎筑起一堵很高，很坚，很厚的无影的墙。你在我的怀抱中长起来，在我的提携中大

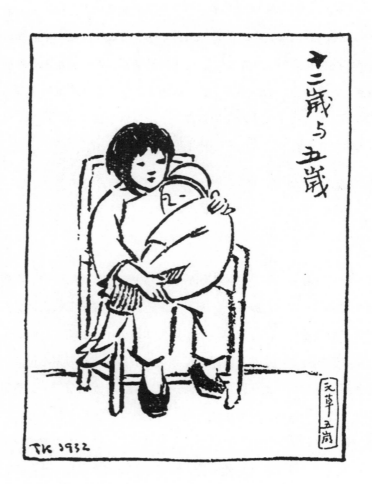

十二岁与五岁

起来；但从今以后，我和你将永远分居于两个世界了。一刹那间我心中感到深痛的悲哀。我怪怨你何不永远做一个孩子而定要长大起来，我怪怨人类中何必有男女之分。然而怪怨之后立刻破悲为笑。恍悟这不是当然的事，可喜的事吗？

🍒 回忆去年春天路上"我"为阿宝拂拭柳絮却遭路人误会的事情，由此发现孩子突然长大，这既让"我"感到悲哀，又让"我"为孩子的长大而欣喜。"落花的风把一阵柳絮吹在你的头发上，脸孔上，和嘴唇上，使你好像冒了雪，生了白胡须。"该句用比喻的修辞手法，将柳絮比作白雪，表现了柳絮洁白、柔软的特点。"我笑着搂住了你的肩，用手帕为你拂拭。你也笑着，仰起了头依在我的身旁。"运用动作描写，将"我"和阿宝之间的父女情深展现出来。

记得有一天，我从上海回来。你们兄弟姊妹照例拥在我身旁，等候我从提箱中取出"好东西"来分。我欣然地取出一束巧格力来，分给你们每人一包。你的弟妹们到手了这五色金银的巧格力，照例欢喜得大闹一场，雀跃地拿去尝新了。你受持了这赠品也表示欢喜，跟着弟妹们去了。然而过了几天，我偶然在楼窗中望下来，看见花台旁边，你拿着一包新开的巧格力，正在分给弟妹三人。他们各自争多嫌少，你忙着为他们均分。在一块缺角的巧格力上添了一张五色金银的包纸派给小妹妹了，方才三面公平。他们欢喜地吃糖了，你也欢喜地看他们吃。这使我觉得惊奇。吃巧格力，向来是我家儿童们的一大乐事。因为乡村里只有箬叶包的糖塌饼，草纸包的状元糕，没有这种五色金银的糖果；只有甜煞的粽子糖，咸煞的盐青果，没有这种异香异味的糖果。所以我每次到上海，一定要买些回来分给儿童，借添家庭的乐趣。儿童们切望我回家的目的，大半就在这"好东西"上。你向来也是这"好东西"的切望者之一人。你曾经和弟妹们赌赛谁是最后吃完；你曾经把五色金银的锡纸积受起来制成华丽的手工品，使弟妹们艳羡。这回你怎么一想，肯把自己的一包藏起来，如数分给弟妹们吃呢？我看你为他们分均匀了之后表示非常的欢喜，同从前赌得了最后吃完时一样，不觉倚在楼上独笑起来。因为我忆起了你小时候的事：十来年之前，你是我家里的一个捣乱分子，每天为了要求的不满足而哭几场，挨母亲打几顿。你吃蛋只要吃蛋黄，不要吃蛋白，母亲偶然夹一筷蛋白在你的饭碗里，你便把饭粒和蛋白乱拨在桌子上，同时大喊"要黄！要黄！"你以为凡物较好者就叫做"黄"。所以有一次你要小椅子玩耍，母亲搬一个小凳子给你，你也大喊"要黄！要黄！"你要长竹竿玩，母亲拿一根"史的克"①给你，你也大喊"要黄！要黄！"你看不起那时候还只一二岁而不会活动的软软。吃东西时，把不好吃的东西留着给软软吃；讲故事时，把不幸的角色派给软软当。向母亲有所要求而不得允许的时候，你就高声地问："当错软软吗？当错软软吗？"你的意思以为：软软这个人要不得，其要求可以不允许；而阿宝是一个重要不过的人，其要求岂有不允许之理？今所以不允许者，大概是当错了软软的原故。所以每次高声地提醒你母亲，务要她证明阿宝正身，允许一切要求而后已。这个一味"要黄"而专门欺侮弱小的捣乱分子，今天在那里牺牲自己的幸福来增殖弟妹们的幸福，使我看了觉得可笑，又觉得可悲。你往日的一切雄心和梦想已经宣告失败，开始在遏制自己的要求，忍耐自己的欲望，而谋他人的幸福了；你已将走出惟我独尊的黄金时代，开始在尝人类之爱的辛味了。

🍒 记述了"我"从上海给孩子们带的巧克力，但阿宝一反往常，不仅没吃自己的那一份，还将之分给弟妹们的事；并回忆了阿宝小时候事事唯我独尊的往事。阿宝由一个只想着自己的小孩变成凡事替弟弟妹妹考虑的少女，这样懂事，怎不让"我"又笑又悲？"要

---

① 英文 stick 的译音，意即手杖。

爸爸还不来

记得去年有一天，我为了必要的事，将离家远行。在以前，每逢我出门了，你们一定不高兴，要阻住我，或者约我早归。在更早的以前，我出门须得瞒过你们。你弟弟后来寻我不着，须得哭几场。我回来了，倘预知时期，你们常到门口或半路上来迎候。我所描的那幅题曰《爸爸还不来》的画，便是以你和你的弟弟的等我归家为题材的。因为我在过去的十来年中，以你们为我的生活慰安者，天天晚上和你们谈故事，作游戏，吃东西，使你们都觉得家庭生活的温暖，少不来一个爸爸，所以不肯放我离家。去年这一天我要出门了，你的弟妹们照旧为我惜别，约我早归。我以为你也如此，正在约你何时回家和买些什么东西来，不意你却劝我早去，又劝我迟归，说你有种种玩意可以骗住弟妹们的阻止和盼待。原来你已在我和你母亲谈话中闻知了我此行有早去迟归的必要，决意为我分担生活的辛苦了。我此行感觉轻快，但又感觉悲哀。因为我家将少却了一个黄金时代的幸福儿。

阿宝两只脚　凳子四只脚

这份懂事又怎不让人轻快又唏嘘呢？取材自然，平常如话，却感人至深。

以上原都是过去的事，但是常常切在我的心头，使我不能忘却。现在，你已做中学生，不久就要完全脱离黄金时代而走向成人的世间去了。我觉得你此行比出嫁更重大。古人送女儿出嫁诗云："幼为长所育，两别泣不休。对此结中肠，义往难复留。"你出黄金时代的"义往"，实比出嫁更"难复留"，我对此安得不"结中肠"？所以现在追述我的所感，写这篇文章来送你。你此后的去处，就是我这册画集里所描写的世间。我对于你此行很不放心。因为这好比把你从慈爱的父母身旁遣嫁到恶姑的家里去，正如前诗中说："自小闺内训[①]，事姑贻我忧。"事姑取甚样的态度，我难于代你决定。但希望你努力自爱，勿贻我忧而已。

总结前文所讲的三件事，表达"我"对阿宝脱离孩童时代而走向成人世界的不舍、担忧与期盼。可怜天下父母心！"幼为长所育，两别泣不休。对此结中肠，义往难复留。""自小阙内训，事姑贻我忧。"引用

---

① 中华书局 2005 年 1 月版《韦应物诗选》为"自小阙内训"，此处"闺"应为"阙"之误。——编者注。

古诗，深切地表现了"我"对阿宝走向成人时代的忧虑和无奈，拳拳父爱，溢于言表。

约十年前，我曾作一册描写你们的黄金时代的画集（《子恺画集》）。其序文（《给我的孩子们》）中曾经有这样的话："我的孩子们！我憧憬于你们的生活，每天不止一次！我想委曲地说出来，使你们自己晓得。可惜到你们懂得我的话的时候，你们将不复是可以使我憧憬的人了。这是何等可悲哀的事啊！""但是你们的黄金时代有限，现实终于要暴露的。这是我经验过来的情形，也是大人们谁也经验过来的情形。我眼看见儿时伴侣中的英雄、好汉，一个个退缩，顺从，妥协，屈服起来，到像绵羊的地步。我自己也是如此。后之视今，亦犹今之视昔，你们不久也要走这条路呢！"写这些话时的情景还历历在目，而现在你果然已经"懂得我的话"了！果然也要"走这条路"了！无常迅速，念此又安得不结中肠啊！

　　文末回忆《给我的孩子们》的一段话，运用议论的表达方式再次表达对孩子们走出孩提时代的依依不舍。

廿三［1934］年岁暮，选辑近作漫画，定名为《人间相》，付开明出版。选辑既竟，取十年前所刊《子恺画集》比较之，自觉画趣大异。读序文，不觉心情大异。遂写此篇，以为《人间相》辑后感。

　　全文采用总分总的结构，选取日常生活中的三件事加以描述，表达"我"对阿宝走出孩提时代的不舍以及对孩子成长的欣慰。原文用第一人称和第二人称来叙述，拉近了与读者的距离，代入感强烈，更能打动人心。文题《送阿宝出黄金时代》，用了比喻的修辞，把孩子无忧无虑的童年比作黄金时代，体现童年的无比珍贵。

黄金时代

　　《送阿宝出黄金时代》中，我们也感受到了父亲对孩子无言的爱，尤其是作者在回忆阿宝童年时代的一些事情时。那么你的黄金时代又曾经有哪些事情让你的父母亲人记忆深刻呢？可否聊一聊，写一写呢？

写一写

与小女

[唐] 韦庄

见人初解语呕哑，不肯归眠恋小车。
一夜娇啼缘底事，为嫌衣少缕金华。

　　这是诗人韦庄写给小女儿的一首诗，将孩提时女儿的咿呀学语、贪玩、爱美和任性描绘出来，字里行间流露出一个父亲对女儿的喜爱之情。读完此诗，你有何感触呢？

你通过哪些事发觉自己长大了？记录下吧！

母亲又要生小弟弟了

————年————月————日

唱歌歸去　子愷畫

唱歌归去

南颖访问记

【题注】本篇曾收入丰华瞻、戚华蓉编《丰子恺散文选集》（上海文艺出版社 1981 年 5 月初版）。

南颖是我的长男华瞻的女儿。七月初有一天晚上，华瞻从江湾的小家庭来电话，说保姆突然走了，他和志蓉两人都忙于教课，早出晚归，这个刚满一岁的婴孩无人照顾，当夜要送到这里来交祖父母暂管。我们当然欢迎。深黄昏，一辆小汽车载了南颖和他父母到达我家，住在三楼上。华瞻和志蓉有时晚上回来伴她宿，有时为上早课，就宿在江湾，这里由我家的保姆英娥伴她睡。

🍒 开篇交代时间、地点、人物以及事情的起因。主人公南颖来"我"家源于父母无暇照看。

第二天早上，我看见英娥抱着这婴孩，教她叫声公公。但她只是对我看看，毫无表情。我也毫不注意，因为她不会讲话，不会走路，也不哭，家里仿佛新买了一个大洋囡囡，并不觉得添了人口。

大约默默地过了两个月，我在楼上工作，渐渐听见南颖的哭声和学语声了。她最初会说的一句话是"阿姨"。这是对英娥有所要求时叫出的。但是后来发音渐加变化："阿呀""阿咦""阿也"。这就变成了欲望不满足时的抗议声。譬如她指着扶梯要上楼，或者指着门要到街上去，而大人不肯抱她上来或出去，她就大喊"阿呀！阿呀！"语气中仿佛表示："阿呀！这一点要求也不答应我！"

🍒 写南颖来"我"家后的成长变化，由最初的不会讲话到现在的嘤嘤学语。"阿姨""阿呀""阿咦""阿也"等语言描写，生动形象地展示了婴幼儿牙牙学语时的真实状态。

第二句会说的话是"公公"。然而也许是"咯咯"，就是鸡。因为阿姨常常抱她到外面去看邻家的鸡，她已经学会"咯咯"这句话。后来教她叫"公公"，她不会发鼻音，也叫"咯咯"；大人们主观地认为她是叫"公公"，欢欣地宣传："南颖会叫公公了！"我也主观地高兴，每次看见了，一定抱抱她，体验着古人"含饴弄孙"之趣。然而我知道南颖心里一定感到诧异："一只鸡和一个出胡须的老人，都叫做'咯咯'。人的语言真奇怪！"

此后她的语汇逐渐丰富起来：看见祖母会叫"阿婆"；看见鸭会叫"Ga-Ga"；看见挤乳的马会叫"马马"；要求上楼时会叫"尤

尤"（楼楼）；要求出外时会叫"外外"；看见邻家的女孩子会叫"几几"（姐姐）。从此我逐渐亲近她，常常把她放在膝上，用废纸画她所见过的各种东西给她看，或者在画册上教她认识各种东西。她对平面形象相当敏感：如果一幅大画里藏着一只鸡或一只鸭，她会找出来，叫"咯咯""Ga-Ga"。她要求很多，意见很多；然而发声器官尚未发达，无法表达她的思想，只能用"嗯，嗯，嗯，嗯"或哭来代替言语。有一次她指着我案上的文具连叫"嗯，嗯，嗯，嗯"。我知道她是要那支花铅笔，就对她说："要笔，是不是？"她不嗯了，表示是。我就把花铅笔拿给她，同时教她："说'笔'！"她的嘴唇动动，笑笑，仿佛在说："我原想说'笔'，可是我的嘴巴不听话呀！"

　　列举生活中南颖学说话的种种现象，主要运用语言和动作描写，展现了孩子学语时的可爱。末句抓住孩子的神态进行描摹，真切传神。

　　在这期间，南颖会自己走路了。起初扶着凳子或墙壁，后来完全独步了；同时要求越多，意见越多了。她欣赏我的手杖，称它为"都都"。因为她看见我常常拿着手杖上车子去开会，而车子叫"都都"，因此手杖也就叫"都都"。她要求我左手抱了她，右手拿着拐杖走路。更进一步，要求我这样地上街去买花。这种事我不胜任，照理应该拒绝。然而我这时候自己已经化作了小孩，觉得这确有意思，就鼓足干劲，一手抱着孩子，一手拿着拐杖，走出里门，在人行道上慢慢地踱步。有一个路人向我注视了一会，笑问："老伯伯，你抱得动吗？"我这才觉悟了我的姿态的奇特：凡拿手杖，总是无力担负自己的身体，所以叫手杖扶助的；可是现在我左手里却抱着一个十五、六个月的小孩！这矛盾岂不可笑？

🍒 紧承上文南颖学说话，该段写她会走路后的种种变化。特别选取生活中一个画面——"我"左手抱她，右手拿着拐杖走路买花，如此矛盾的举动，引发路人不解，既生动又有趣。

她寄居我家一共五个多月。前两个多月像洋囝囡一般无声无息，可是后三个多月她的智力迅速发达，眼见得由洋囝囡变成了一个人，一个全新的人。一切生活在她都是初次经验，一切人事在她都觉得新奇。记得《西青散记》的序言中说："予初生时，怖夫天之乍明乍暗，家人曰：昼夜也；怪夫人之乍有乍无，家人曰：死生也。"南颖此时的观感正是如此。在六十多年前，我也曾有过这种观感。然而六十多年的世智尘劳早已把它磨灭殆尽，现在只剩得依稀仿佛的痕迹了。由于

晨光与暮色

晨光与暮色

接近南颖，我获得了重温远昔旧梦的机会，瞥见了我的人生本来面目。有时我屏绝思虑，注视着她那天真烂漫的脸，心情就会迅速地退回到六十多年前的儿时，尝到人生的本来滋味。这是最深切的一种幸福，现在只有南颖能够给我。三个多月以来我一直照管她，她也最亲近我。虽然为她相当劳瘁，但是她给我的幸福足可以抵偿。她往往不讲情理，恣意要求。例如当我正在吃饭的时候定要我抱她到"尤尤"去，深夜醒来的时候放声大哭，要求到"外外"去。然而越是恣意，越是天真，越是明显地衬托出世间大人们的虚矫，越是使我感动。所以华瞻在江湾找到了更宽敞的房屋，请到了保姆，要接她回去的时候，我心中发生了一种矛盾：在理智上乐愿她回到父母的新居，但在感情上却深深地对她惜别，从此家里没有了生气蓬勃的南颖，只得像杜甫所说，"寂寞养残生"了。那一天他们准备十点钟动身，我在九点半钟就悄悄地拿了我的"都都"，出门去了。

🍒 总写南颖寄居"我"家五个多月的前后变化，她的天真烂漫"给"我带来的感动和幸福，以及南颖即将离去时"我"的矛盾与不舍。引用杜甫的诗句"寂寞养残生"，更增添了孩子离去后"我"的寂寥。

我十一点钟回家，家人已经把壁上所有为南颖作的画揭去，把所有的玩具收藏好，免得我见物怀人。其实不必如此，因为这毕竟是"欢乐的别离"；况且江湾离此只有一小时的旅程，今后可以时常来往。不过她去后，我闲时总要想念她。并不是想她回来，却是想她作何感想。十七八个月的小孩，不知道世间有"家庭"、"迁居"、"往来"等事。她在这里由洋囡囡变成人，在这里开始有知识；对这里的人物、房屋、家具、环境已经熟悉。她的心中已经肯定这里是她的家了。忽然大人们用车子把她载到另一个地方，这地方除了过去晚上有时看到的父母之外，保姆、房屋、家具、环境都是陌生的。"一向熟悉的公公、阿婆、阿姨哪里去了？一向熟悉的那间屋子哪里去了？一向熟悉的门巷和街道哪里去了？这些人物和环境是否永远没有了？"她的小头脑里一定发生这些疑问。然而无人能替她解答。

    写南颖离开后"我"对孩子的想念，并站在孩子的角度，运用心理描写，假设十七八个月的小孩突然离开熟悉的人和物进入陌生环境时的种种不适应。末句"然而无人能替她解答"，读来多么令人感慨啊！

我想用事实来替她证明我们的存在，在她迁去后一星期，到江湾去访问她。坐了一小时的汽车，来到她家门前。一间精小的东洋式住宅门口，新保姆抱着她在迎接我。南颖向我凝视片刻，就要我

满眼儿孙身外事　闲梳白发对斜阳

抱，看看我手里的"都都"。然而目光呆滞，脸无笑容，很久默默不语，显然表示惊奇和怀疑。我推测她的小心里正在想："原来这个人还在。怎么在这里出现？那间屋子存在不存在？阿婆、阿姨和'几几'存在不存在？"我要引起她回忆，故意对她说："尤尤"，"公公，都都，外外，买花花。"她的目光更加呆滞了，表情更加严肃了，默默无言了很久。我想这时候她的小心境中大概显出两种情景。其一是：走上楼梯，书桌上有她所见惯的画册、笔砚、烟灰缸、茶杯；抽斗里有她所玩惯的显微镜、颜料瓶、图章、打火机；四周有特地为她画的小图画。其二是：电车道旁边的一家鲜花店、一个满面笑容的卖花人和红红绿绿的许多花；她的小手手拿了其中的几朵，由公公抱回家里，插在茶几上的花瓶里。但不知道这时候她心中除了惊疑之外，是喜是悲，是怒是慕。

　　该段首句"我想用事实来替她证明我们的存在"承上启下。"南颖向我凝视片刻，就要我抱，看看我手里的'都都'，然而目光呆滞，脸无笑容"，运用神态描写，表现了孩子在离别"我"后又重逢的样子。可是孩子能对突然的离别有什么办法呢？只能默默罢了，惊奇罢了，怀疑罢了。

我在她家逗留了大半天，乘她沉沉欲睡的时候悄悄地离去。她照旧依恋我。这依恋一方面使我高兴，另一方面又使我惆怅：她从热闹的都市里被带到这幽静的郊区，笼闭在这沉寂的精舍里，已经一个星期，可能尘心渐定。今天我去看她，这昙花一现，会不会促使她怀旧而增长她的疑窦？我希望不久迎她到这里来住几天，再用事实来给她证明她的旧居的存在。

　　🍒 《南颖访问记》以"我"去访问南颖作结，写了孩子对"我"的依恋和"我"对孩子的不舍。

庚子［1960］年仲冬记

全文记叙了南颖来"我"家暂住期间，孩子的种种变化和"我"的心理变化，表现了孩子的天真烂漫以及"我"对孩子的疼爱。突然的离别，让作者心生不忍，遂去访问南颖，以解她的心头疑惑，字里行间洋溢着浓浓的祖孙情。

暂住小记

　　亲爱的朋友，在你们过往的生活中，是否有过离开家去其他地方小住的经历呢？在这段经历中，见到了什么景？遇到了什么人？又有怎样的事情让你难忘呢？写一写吧！如果没有也没关系，那就尝试采访你身边的人，将其中最有趣的部分记录下来，或者画下来吧。

写一写

画中描述了怎样的故事？其中的人物各是怎样的心境？试着写一下！

冬日街头

_____年_____月_____日

除夜

今夜两岁　明朝三岁

过年

我幼时不知道阳历，只知道阴历。到了十二月十五，过年的空气开始浓重起来了。我们染坊店里三个染匠司务全是绍兴人，十二月十六日要回乡。十五日，店里办一桌酒，替他们送行。这是提早举办的年酒。商店旧例，年酒席上的一只全鸡，摆法大有道理：鸡头向着谁，谁要免职。所以上菜的时候，要特别当心。但我家的店规模很小，店里三个人，作场里三个人，一共只有六个人，这六个人极少有变动，所以这种顾虑极少。但母亲还是当心，上菜时关照仆人，必须把鸡头向着空位。

🍒 开篇写阴历过年的前戏——腊月十五办年酒替染坊店的师傅送行以及年酒席上的忌讳。

十六日，司务们一上去①，染缸封了，不再收货，农民们此时也

---

① 按作者家乡一带习惯，凡是去浙东各地，称为"上去"。

要过年，不再拿布出来染了。店里不须接生意，但是要算账。整个上午，农民们来店还账，应接不暇。下午，管账先生送进一包银元来，交母亲收藏。这半个月正是收获时期，一家一店许多人的生活都从这里开花。有的农民不来还账，须得下乡去收。所以必须另雇两个人去收账。他们早出晚归，有时拿了鸡或米回来。因为那农家付不出钱，将鸡或米来抵偿。年底往往阴雨，收账的人，拖泥带水回来，非常辛苦。所以每天的夜饭必须有酒有肉。学堂早已放年假，我空闲无事，上午总在店里帮忙，写"全收"簿子①。吃过中饭，管账先生拿全收簿子去一算，把算出来的总数同现款一对，两相符合，一天的工作便完成了。

🍒 紧承上文，写腊月十六始，店里收账算账的种种情形，语言简练朴实。

从腊月二十日起，每天吃夜饭时光，街上叫"火烛小心"。一个人"蓬蓬"地敲着竹筒，口中高叫："寒天腊月！火烛小心！柴间灰堆！灶前灶后！前门闩闩！后门关关！……"这声调有些凄惨。大家捉高警惕。我家的贴邻是王囡囡豆腐店，豆腐店日夜烧砻糠，火烛更为可怕。然而大家都说不怕，因为明朝时光刘伯温曾在这一

---

① 年底收账，账收回后，记在"全收"簿子上，表示已不欠账。

带地方造一条石门槛，保证这石门槛以内永无火灾。

廿三日晚上送灶，灶君菩萨每年上天约一星期，廿三夜上去，大年夜回来。这菩萨据说是天神派下来监视人家的，每家一个。大约就像政府委任官吏一般，不过人数（神数）更多。他们高踞在人家的灶山上，嗅取饭菜的香气。每逢初一、月半，必须点起香烛来拜他。廿三这一天，家家烧赤豆糯米饭，先盛一大碗供在灶君面前，然后全家来吃。吃过之后，黄昏时分，父亲穿了大礼服来灶前膜拜，跟着，我们大家跪拜。拜过之后，将灶君的神像从灶山上请下来，放进一顶灶轿里。这灶轿是白天从市上买来的，用红绿纸张糊成，两旁贴着一副对联，上写"上天奏善事，下界保平安"。我们拿些冬青柏子，插在灶轿两旁，再拿一串纸做的金元宝挂在轿上，又拿一点糖塌饼来，粘在灶君菩萨的嘴上。这样一来，他上去见了天神，粘嘴粘舌的，说话不清楚，免得把人家的恶事全盘说出。于是父亲恭恭敬敬地捧了灶轿，捧到大门外去烧化。烧化时必须抢出一只纸元宝，拿进来藏在橱里，预祝明年有真金元宝进门之意。送灶君上天之后，陈妈妈就烧菜给父亲下酒，说这酒菜味道一定很好，因为没有灶君先吸取其香气。父亲也笑着称赞酒菜好吃。我现在回想，他是假痴假呆、逢场作乐。因为他中了这末代举人，科举就废，不得伸展，蜗居在这穷乡僻壤的蓬门败屋中，无以自慰，唯有利用年中行事，聊资消遣，亦"四时佳兴与人同"之意耳。

🍒 写腊月二十三送灶的传说和当地风俗。烧赤豆饭供灶君，黄昏时跪拜灶君，灶山上请灶君入轿，冬青等装点灶轿，糖塌饼粘灶君嘴等事情，用了一系列动词，生动形象地将民间腊月二十三送灶的习俗展现出来。

廿三送灶之后，家中就忙着打年糕。这糯米年糕又大又韧，自己不会打，必须请一个男工来帮忙。这男工大都是陆阿二，又名五阿二。因为他姓陆，而他的父亲行五。两枕"当家年糕"，约有三尺长；此外许多较小的年糕，有二尺长的，有一尺长的；还有红糖年糕，白糖年糕。此外是元宝、百合、桔子等种种小摆设，这些都由母亲和姐姐们去做。我也洗了手去参加，但总做不好，结果是自己吃了。姐姐们又做许多小年糕，形式仿照大年糕，是预备廿七夜

草草杯盘供语笑　昏昏灯火话平生

过年时拜小年菩萨用的。

简要介绍腊月二十三到二十七之间各家各户忙着打年糕的情形。

廿七夜过年，是个盛典。白天忙着烧祭品：猪头、全鸡、大鱼、大肉，都是装大盘子的。吃过夜饭之后，把两张八仙桌接起来，上面供设"六神牌"，前面围着大红桌围，摆着巨大的锡制的香炉蜡台。桌上供着许多祭品，两旁围着年糕。我们这厅屋是三家公用的，我家居中，右边是五叔家，左边是嘉林哥家，三家同时祭起年菩萨来，屋子里灯火辉煌，香烟缭绕，气象好不繁华！三家比较起来，我家的供桌最为体面。何况我们还有小年菩萨，即在大桌旁边设两张茶几，也是接长的，也供一位小菩萨像，用小香炉蜡台，设小盆祭品，竟像是小人国里的过年。记得那时我所欣赏的，是"六神牌"和祭品盘上的红纸盖。这六神牌画得非常精美，一共六版，每版上画好几个菩萨，佛、观音、玉皇大帝、孔子、文昌帝君、魁星……都包括在内。平时折好了供在堂前，不许打开来看，这时候才展览了。祭品盘上的红纸盖，都是我的姑母剪的，"福禄寿喜"、"一品当朝"、"平升三级"等字，都剪出来，巧妙地嵌在里头。我那时只七八岁，就喜爱这些东西，

爆竹一声除旧

这说明我对美术有缘。

绝大多数人家廿七夜过年。所以这晚上商店都开门，直到后半夜送神后才关门。我们约伴出门散步，买花炮。花炮种类繁多，我们所买的，不是两响头的炮仗和劈劈拍拍的鞭炮，而是雪炮、流星、金转银盘、水老鼠、万花筒等好看的花炮。其中万花筒最好看，然而价贵不易多得。买回去在天井里放，大可增加过年的喜气。我把一串鞭炮拆散来，一个一个地放。点着了火立刻拿一个罐头来罩住，"咚"的一声，连罐头也跳起来。我起初不敢拿在手里放。后来经乐生哥哥（关于此人另有专文）教导，竟胆敢拿在手里放了。两指轻轻捏住鞭炮的末端，一点上火，立刻把头旋向后面。渐渐老练了，即行若无事①。

---

① 放鞭炮，尤其是拿在手里放鞭炮是很危险的举动，读者们万不可模仿。——编者注。

恭贺新禧

立刻把头旋向后面"运用细节描写，将孩子放鞭炮时的害怕、小心与激动的心情展现出来。

正在放花炮的时候，隔壁谭三姑娘……送万花筒来了。这谭三姑娘的丈夫谭福山，是开炮仗店的。年年过年，总是特制了万花筒来分送邻居，以供新年添兴之用。此时谭三姑娘打扮得花枝招展，声音好比莺啼燕语。厅堂里的空气忽然波动起来。如果真有年菩萨在尚飨，此时恐怕都"停杯投箸不能食"了。

夜半时分，父亲在旁边的半桌上饮酒，我们陪着他吃饭。直到后半夜，方才送神。我带着欢乐的疲倦躺在床上，钻进被窝里，蒙眬之中听见远近各处炮竹之声不绝，想见这时候石门湾的天空中，定有无数年菩萨餍足了酒肉，腾空驾雾归天去了。

"廿七、廿八活急杀，廿九、三十勿有拉^①，初一、初二扮睏客，你没铜钱我有拉^②。"这是石门湾人形容某些债户的歌。年中拖欠的债，年底要来讨，所以到了廿七、廿八，便活急杀。到了廿九、三十，有的人逃往别处去避债，故曰勿有拉。但是有些人有钱不肯还债，要留着新年里自用。一到元旦，照例不准讨债，

① 勿有拉，作者家乡话，意即不在这儿，不在家。
② 我有拉，作者家乡话，意即我这儿有。

他便好公然地扮瞎客，而且慷慨得很了。我家没有这种情形，但是总有人来借掇，也很受累。况且家事也忙得很：要掸灰尘，要祭祖宗，要送年礼。倘是月小，更加忙迫了。

略写腊月二十八、二十九的活动。此段开头引用石门湾地区的债户歌，将年关某些欠债人的心理描述出来，由债户歌引出过年讨债这一重要事项，生动有趣。

年底这一天，是准备通夜不眠的。店里早已摆出风灯，插上岁烛。吃年夜饭时，把所有的碗筷都拿出来，预祝来年人丁兴旺。吃饭碗数，不可成单，必须成双。如果吃三碗，必须再盛一次，那怕盛一点点也好，总之要凑成双数。吃饭时母亲分送压岁钱，我得的记得是四角，用红纸包好。我全部用以买花炮。吃过年夜饭，还有一出滑稽戏呢。这叫做"毛糙纸揩窋"。"窋"就是屁股。一个人拿一张糙纸，把另一人的嘴揩一揩。意思是说：你这嘴巴是屁股，你过去一年中所说的不祥的话，例如"要死"之类，都等于放屁。但是人都不愿被揩，尽量逃避。然而揩的人很调皮，出其不意，突如其来，那怕你极小心的人，也总会被揩。有时其人出前门去了。大家就不提防他。岂知他绕个圈子，悄悄地从后门进来，终于被揩了去。此时笑声、喊声充满了一堂。过年的欢乐空气更加浓重了。

　　于是陈妈妈烧起火来放"泼留"。把糯米谷放进热镬子里，一只手用铲刀①搅拌，一只手用箬帽遮盖。那些糯谷受到热度，爆裂开来，若非用箬帽遮盖，势必纷纷落地，所以必须遮盖。放好之后，拿出来堆在桌子上，叫大家拣泼留。"泼留"两字应该怎样写，我实在想不出，这里不过照声音记录罢了。拣泼留，就是把瘪糠拣出，剩下纯粹的泼留，新年里客人来拜年，请他吃糖汤，放些泼留。我们小孩子也参加拣泼留，但是一面拣，一面吃。一粒糯米放成蚕豆来大，像朵梅花，又香又热，滋味实在好极了。

　　🍒 简介过年风俗之一——拣泼留。"一粒糯米放成蚕豆来大，像朵梅花，又香又热，滋味实在好极了。"运用比喻的修辞手法，将糯米花比作梅花，极力写其浓郁的香味与刚出锅的热烈。

　　黄昏，渐渐有人提了灯笼来收账了。我们就忙着"吃串"。听来好像是"吃菜"。其实是把每一百铜钱的串头绳解下来，取出其中三四文，只剩九十六七文，或甚至九十二三文，当作一百文去还账。吃下来的"串"，归我们姐弟们作零用。我们用这些钱还账，

---

① 铲刀，指锅铲。

但我们收来的账，也是吃过串的钱。店员经验丰富，一看就知道这是"九五串"，那是"九二串"的。你以伪来，我以伪去，大家不计较了。这里还得表明：那时没有钞票，只有银洋、铜板和铜钱。银洋一元等于三百个铜板，一个铜板等于十个铜钱。我那时母亲给我的零用钱，是每天一个铜板即十文铜钱。我用五文买一包花生，两文买两块油沸豆腐干，还有三文随意花用。

街上提着灯笼讨账的，络绎不绝。直到天色将晓，还有人提着灯笼急急忙忙地跑来跑去。这只灯笼是千万少不得的。提灯笼，表示还是大年夜，可以讨债；如果不提灯笼，那就是新年元旦，欠债的可以打你几记耳光，要你保他三年顺境。因为大年初一讨债是禁忌的。但这时候我家早已结账，关店，正在点起了香烛迎接灶君菩萨。此时通行吃接灶圆子。管账先生一面吃圆子，一面向我母亲报告账务。说到赢余，笑容满面。母亲照例额外送他十只银角子，给他"新年里吃青果茶"。他告别回去，我们也收拾，睡觉。但是睡不到二个钟头，又得起来，拜年的乡下客人已经来了。

♣ 此前四段详写大年三十这一天的习俗——送压岁钱、"毛糙纸揩窪"、拣溌留、"吃串"、点香烛迎灶君、吃接灶圆子，整个除夕夜真是既忙碌又有趣。

新年美景

一九六○年元旦前　子愷畫

新年美景

年初一上午忙着招待拜年客人。街上挤满了穿新衣服的农民，男女老幼，熙熙攘攘，吃烧卖，上酒馆，买花纸（即年画），看戏法，到处拥挤，而最热闹的是赌摊。原来从初一到初四，这四天是不禁赌的。掷骰子，推牌九，还有打宝，一堆一堆的人，个个兴致勃勃，连警察也参加在内。下午，农民大都进去了，街上较清，但赌摊还是闹热，有的通夜不收。

初二开始，镇上的亲友来往拜年。我父亲戴着红缨帽子，穿着外套，带着跟班出门。同时也有穿礼服的到我家拜年。如果不遇，留下一张红片子。父亲死后，母亲叫我也穿着礼服去拜年。我实在很不高兴。因为一个十一二岁的孩子穿大礼服上街，大家注目，有讥笑的，也有叹羡的，叫我非常难受。现在回想，母亲也是一片苦心。她不管科举已废，还希望我将来也中个举人，重振家声，所以把我如此打扮，聊以慰情。

🍒 略写初一招待拜年客人及街上的情景和初二亲友来往拜年的习俗。特别回忆了父亲穿礼服拜年的光景，只是这样的日子不复再现了。

正月初四，是新年最大的一个节日，因为这天晚上接财神。别的行事，如送灶、过年等，排场大小不定，有简单的，有丰盛的，都按家之有无。独有接财神，家家郑重其事，而且越是贫寒之家，排场越是体面。大约他们想：敬神丰盛，可以邀得神的恩宠，今后让他们发财。

接财神的形式，大致和过年相似，两张桌子接长来，供设六神牌，外加财神像，点起大红烛。但不先行礼，先由父亲穿了大礼服，拿了一股香，到下西弄的财神堂前行礼，三跪九叩，然后拿了香回来，插在香炉中，算是接得财神回来了。于是大家行礼。这晚上金吾放夜，市中各店通夜开门，大家接财神。所以要买东西，那怕后半夜，也可以买得。父亲这晚上兴致特别好，饮酒过半，叫把谭三姑娘送的大万花筒放起来。这万花筒果然很大，每个共有三套。一枝火树银花低了，就有另一枝继续升起来，凡三次。谭福山做得真巧。……我们放大万花筒时，为要尽量增大它的利用率，邀请所有的邻居都出来看。作者谭福山也被邀在内。大家闻得这大万花筒是他作的，都向他看。……

🖊 本段详写初四接财神。接财神的形式与排场极其郑重、体面，无论高低贵贱。在世俗民间，人们最朴实的愿望都在其间了。"接、点、穿、拿、跪、叩"等一连串的动作描写，凸显人们接财神时的恭敬与虔诚。

櫻桃豌豆分儿女　草草春风又一年

初五以后，过年的事基本结束。但是拜年，吃年酒，酬谢往还，也很热闹。厨房里年菜很多，客人来了，搬出就是。但是到了正月半，也差不多吃完了。所以有一句话："拜年拜到正月半，烂溏鸡屎炒青菜。"我的父亲不爱吃肉，喜欢吃素，我们都看他样。所以我们家里，大年夜就烧好一大缸萝卜丝油豆腐，油很重，滋味很好。每餐盛出一碗来，放在锅子里一热，便是最好的饭菜。我至今还是忘不了这种好滋味。但叫家里人照烧起来，总不及童年时的好吃，怪哉！

> 段末"我至今还是忘不了这种好滋味。但叫家里人照烧起来，总不及童年时的好吃，怪哉！"与鲁迅《社戏》中"真的，一直到现在，我实在再没有吃到那夜似的好豆"，有异曲同工之妙。不是萝卜丝油豆腐变了，而是人的心境变了，表达的是对父亲在世时过年情景的深切回忆。

正月十五，在古代是一个元宵佳节，然而赛灯之事，久已废止，只有市上卖些兔子灯，蝴蝶灯等，聊以应名而已。

二十日，染匠司务下来 [①]，各店照常开门做生意，学堂也开学。

---

① 按作者家乡一带习惯，从浙东来到浙西，称为"下来"。

过年的笔记也就全部结束。

　　🍒 略写过年一事的尾声——正月十五元宵佳节，正月二十开门做生意，年就这么过完了。首尾呼应，照应文题。

昨夜新收压岁钱

　　全文按照时间顺序，将民间过年的习俗和儿时家人过年的琐事娓娓道来，选材平常，却感动人心。从年前腊月十五写到年后正月二十，这年才算结束，完全不同于现代都市的过年。民间村镇的过年，年味十足，令人难以忘怀。这里有着中华上下五千年的根，这里有着一代又一代的传承，这里更有生生不息的文化意蕴和人间挚情。纵观全文，放眼现今，真是一篇不可多得的过年地方风俗实录。

过年印象

　　亲爱的朋友，上文作者将他家乡过年的习俗用平实的笔调一一展现在我们面前，你能否用思维导图的形式将它概括出来呢？或者用简短的话语和家人聊一聊？

写一写

北京的春节①

老舍

　　按照北京的老规矩，过农历的新年（春节），差不多在腊月的初旬就开头了。"腊七腊八，冻死寒鸦"，这是一年里最冷的时候。可是，到了严冬，不久便是春天，所以人们并不因为寒冷而减少过年与迎春的热情。在腊八那天，人家里，寺观里，都熬腊八粥。这种特制的粥是祭祖祭神的，是用所有的各种的米，各种的豆，与各种的干果（杏仁、核桃仁、瓜子、荔枝肉、莲子、花生米、葡萄干、菱角米）熬成的。这不是粥，而是小型的农业展览会。

　　腊八这天还要泡腊八蒜。把蒜瓣在这天放到高醋里，封起来，为过年吃饺子用的。到年底，蒜泡得色如翡翠，而醋也有了些辣味，色味双美，使人要多吃几个饺子。在北京，过年时，家家吃饺子。

---

① 文字有删减。

从腊八起，铺户中就加紧地上年货，街上加多了货摊子——卖春联的、卖年画的、卖蜜供的、卖水仙花的等等都是只在这一季节才会出现的。这些赶年的摊子都教儿童们的心跳得特别快一些。在胡同里，吆喝的声音也比平时更多更复杂起来，其中也有仅在腊月才出现的，像卖宪书的、松枝的、薏仁米的、年糕的等等。

在有皇帝的时候，学童们到腊月十九就不上学了，放年假一月。儿童们准备过年，差不多第一件事是买杂拌儿。这是用各种干果（花生、胶枣、榛子、栗子等）与蜜饯掺和成的，普通的带皮，高级的没有皮——例如：普通的用带皮的榛子，高级的用榛瓤儿。儿童们喜吃这些零七八碎儿，即使没有饺子吃，也必须买杂拌儿。他们的第二件大事是买爆竹，特别是男孩子们。恐怕第三件事才是买玩意儿（风筝、空竹、口琴等）和年画儿。

儿童们忙乱，大人们也紧张。他们须预备过年吃的使的喝的一切。他们也必须给儿童赶做新鞋新衣，好在新年时显出万象更新的气象。

二十三过小年，差不多就是过新年的"彩排"。在旧社会里，这天晚上家家祭灶王，从一擦黑儿鞭炮就响起来，随着炮声把灶王的纸像焚化，美其名叫送灶王上天。在前几天，街上就有许多卖麦芽糖与江米糖的，或为长方块，或为大小瓜形。按旧日的说法：用糖粘住灶王的嘴，他到了天上就不会向玉皇报告家庭中的坏事了。

过了二十三，大家就更忙起来，新年眨眼就到了呀。在除夕以前，家家必须把春联贴好，必须大扫除一次，名曰"扫房"。必须把肉、鸡、鱼、青菜、年糕什么的都预备充足，至少足够吃用一个星期的——按老习惯，铺户多数关五天门，到正月初六才开张。假若不预备下几天的吃食，临时不容易补充。

除夕真热闹。家家赶做年菜，到处是酒肉的香味。老少男女都穿起新衣，门外贴好红红的对联，屋里贴好各色的年画，哪一家都灯火通宵，不许间断，炮声日夜不绝。在外边做事的人，除非万不得已，必定赶回家来，吃团圆饭，祭祖。这一夜，除了很小的孩子，没有什么人睡觉，都要守岁。

元旦的光景与除夕截然不同：除夕，街上挤满了人；元旦，铺户都上着板子，门前堆着昨夜燃放的爆竹纸皮，全城都在休息。

男人们在午前就出动，到亲戚家、朋友家去拜年。女人们在家中接待客人。同时，城内城外有许多寺院开放，任人游览，小贩们在庙外摆摊，卖茶、食品和各种玩具。北城外的大钟寺、西城外的白云观、南城的火神庙（厂甸）是最有名的。可是，开庙最初的两三天，并不十分热闹，因为人们还正忙着彼此贺年，无暇及此。到了初五六，庙会开始风光起来，小孩儿们特别热心去逛，为的是到城外看看野景，可以骑毛驴，还能买到那些新年特有的玩具。

多数的铺户在初六开张，又放鞭炮，从天亮到清早，全城的炮声不绝。虽然开了张，可是除了卖吃食与其他重要日用品的铺子，大家并不很忙，铺中的伙计们还可以轮流着去逛庙、逛天桥和听戏。

元宵（汤圆）上市，新年的高潮到了——元宵节（从正月十三到十七）。除夕是热闹的，可是没有月光；元宵节呢，恰好是明月当空。元旦是体面的，家家门前贴着鲜红的春联，人们穿着新衣裳，可是它还不够美。元宵节，处处悬灯结彩，整条的大街像是办喜事，火炽而美丽。有名的老铺都要挂出几百盏灯来，有的一律是玻璃的，有的清一色是牛角的，有的都是纱灯；有的各形各色，有的通通彩绘全部《红楼梦》或《水浒传》故事。干果店在灯节还要做一批杂拌儿生意，所以每每独出心裁地制成各样的冰灯，或用麦苗做成一两条碧绿的长龙，把顾客招来。

小孩子们买各种花炮燃放，即使不跑到街上去淘气，在家中照样能有声有光地玩耍。家中也有灯：走马灯（原始的电影）、宫灯、各形各色的纸灯，还有纱灯，里面有小铃，到时候就叮叮地响。大家还必须吃汤圆呢。这的确是美好快乐的日子。

一眨眼，到了残灯末庙，学生该去上学，大人又去照常做事，新年在正月十九结束了。

过年时，你最喜欢的场景是什么？能否写一写，画一画呢？

冬日可爱

————年————月————日

興奮之群

子愷畫

兴奋之群

两场闹

一日我因某事独自至某地。当日赶不上归家的火车，傍晚走进某地的某旅馆投宿了。事体已经赶毕；当地并无亲友可访，无须出门；夜饭已备有六只大香蕉在提篮内，不必外求。但天色未暗，吃香蕉嫌早，我觉旅况孤寂，这一刻工夫有些难消遣了。室中陈列着崭新的铁床，华丽的镜台，清静的桌椅。但它们都板着脸孔不理睬我，好像待车室里的旅客似地各管各坐着，只有我携来的那只小提篮亲近我，似乎在对我说："我是属于你的！"

打开提篮，一册袖珍本的《绝妙好词》躺在那里等我。我把它取出，再把被头叠置枕上，当作沙发椅子靠了，且从这古式的收音器中倾听古人的播音。

🍒 开篇交代时间、地点、人物，点明事情的起因——因没赶上火车而投宿旅馆。把室中没有生命的静物——铁床、镜台、桌椅等被赋予感情，运用拟人的

无产者之群

修辞手法，让文字更有趣味。"板着脸孔不理睬我"表现"我"旅宿外面的陌生，"小提篮亲近我"体现独自一人在外，熟悉的事物带给自己的亲切。

忽闻窗外的街道上起了一片吵闹之声。我不由地抛却我的书，离开我的沙发，倒屐往窗前探看。对门是一个菜馆，我凭在窗上望下去，正看见菜馆的门口，四辆人力车作带模样停在门口的路旁，四个人力车夫的汗湿的背脊，花形地环列在门口的阶沿石下，和站在阶沿石上的四个人的四顶草帽相对峙。中央的一个背脊伸出着一只手，努力要把手中的一支钱交还一顶草帽，反复地在那里叫：

"这一点钱怎么行？拉了这许多路！"

草帽下也伸出一只手来，跟了说话的语气而指挥：

"讲到廿板①一部，四部车子，给你二角②三十板，还有啥话头？"

点明"第一闹"事情的起因——四辆人力车夫拉客人到店，但收到的车钱与路程不匹配，与乘客争论要求加价，乘客不允。"背脊"与"草帽"用了借代

---

① 讲到，意即讲定；廿板，即二十个铜板。
② 二角，系指二角小洋，当时除"法币"以外有一种二角银币，称为二角小洋，合铜板50枚（"法币"二角为二角大洋，合铜板60枚）。

他的话没有说完，对方四个背脊激动起来，参参差差地嚷着：

"兜大圈子到这里，我们多两里路啦；这一点钱哪里行！"

另一顶草帽下面伸出一只手来，点着人力车夫的头，谆谆地开导：

"不是我们要你多跑路！修街路你应该知道，你吃什么饭的？"

"这不来①，这不来！"

人力车夫口中讲不出理，心中着急，嚷着把盛钱的手向四顶草帽底下乱送，想在他们身上找一处突出的地方交卸了这一支不足的车钱。但四顶草帽反背着手，渐渐向门内退却，使他无法措置。我在上面代替人力车夫着急，心想草帽的边上不是颇可置物的地方吗，可惜人力车夫的手腕没有这样高。

---

① 这不来，意即这不行。

正难下场的时候，另一个汗湿的背脊上伸出一个长头颈来，换了一种语调，帮他的同伴说话：

"先生！一角钱一部总要给我们的！这铜板换了两角钱吧！先生，几个铜板不在乎的！"

同时他从同伴的手中取出铜板来擎起在一顶草帽前面，恳求他交换。这时三顶草帽已经不见，被包围的一顶草帽伸手在袋中摸索，冷笑着说：

"讨厌得来！喏，喏，每人加两板！"

他摸出铜板，四个背脊同时退开，大家不肯接受，又同声地嚷起来。那草帽乘机跨进门槛，把八个铜板放在柜角上，指着了厉声说：

"喏，要末来拿去，勿要末歇①，勿识相的！"

紧承上文，人力车夫第三次恳求加价，"草帽"仅仅加了"两板"。"四个背脊"的"擎起""恳求"与"草帽"的"冷笑""厉声"形成鲜明的对比，将乘客老爷刻薄的嘴脸生动地展现在读者面前。为何人力车夫如此卑微？又为何坐车人"草帽"如此傲慢？他们之间不应该是平等的吗？职业会有高低之分吗？

---

① 歇，意即算了，拉倒。"勿要末歇"，即"不要就拉倒"的意思。

赚钱勿吃力　吃力勿赚钱

一件雪白的长衫飞上楼梯，不见了。门外四个背脊咕噜咕噜了一回，其中一个没精打采地去取了柜角上的铜板，大家懒洋洋地离开店门。咕噜咕噜的声音还是继续着。

🍒 写"第一闹"事情的结局——人力车夫只能无奈地拿起铜板，离店而去。他们还能怎么办呢？

我看完了这一场闹，离开窗栏，始觉窗内的电灯已放光了。我把我的沙发移在近电灯的一头，取出提篮里的香蕉，用《绝妙好词》佐膳而享用我的晚餐。窗子没有关，对面菜馆的楼上也有人在那里用晚餐，常有笑声和杯盘声送入我的耳中。我们隔着一条街路而各用各的晚餐。

🍒 过渡段，承上启下。

约一小时之后，窗外又起一片吵闹之声。我心想又来什么花头了，又立刻抛却我的书，离开我的沙发，倒屣往窗前探看。这回在楼上闹。离开我一二丈之处，菜馆楼上一个精小的餐室内，闪亮的电灯底下摆着一桌杯盘狼藉的残菜。桌旁有四个男子，背向着我，正在一个青衣人面前纠纷。我从声音中认知他们就是一小时前在下面和人力车夫闹过一场的四个角色。但见一个瘦长子正在摆开步位，用一手擒住一个矮胖子的肩，一手拦阻一个穿背心的人的胸，用下颚指点门口，向青衣人连叫着："你去，你去！"被擒的矮胖子一手摸在袋里，竭力挣扎而扑向青衣人的方面去，口中发出一片杀猪似的声音，只听见"不行，不行。"穿背心的人竭力地伸长了的手臂，想把手中的两张钞票递给青衣人，口中连叫着"这里，这里。"好像火车到时车站栅门外拿着招待券接客的旅馆招待员。

在这三人的后方，最近我处，还有一个生仁丹须①的人，把右手摸在衣袋中，冷静地在那里叫喊"我给他，我给他！"青衣人面向着我，他手中托着几块银洋，用笑脸看看这个，看看那个，立着不动。

穿背心的终于摆脱了瘦长子的手，上前去把钞票塞在青衣人的手中，而取回银洋交还瘦长子。瘦长子一退避，放走了矮胖子。这时候青衣人已将走出门去，矮胖子厉声喝止："喂喂，堂官，他是客人！"便用自己袋里摸出来的钞票向他交换。穿背心的顾东失西，急忙将瘦长子按倒在椅子里，回身转来阻止矮胖子的行动。三个人扭做一堆，作出嘈杂的声音。忽然听见青衣人带笑的喊声："票子撕破了！"大家方才住手。瘦长子从椅子里立起身。楼板上丁丁当

---

① 指当时仁丹包封上所画人像的八字胡须。

当地响起来。原来穿背心的暗把银洋塞在他的椅子角上，他起身时用衣角把它们如数撒翻在楼板上了。于是有的捡拾银洋，有的察看破钞票。场中忽然换了一个调子。一会儿严肃的静默，一会儿造作的笑声。不久大家围着一桌残菜就坐，青衣人早已悄悄地出门去了。我最初不知道他拿去是谁的钱，但不久就在他们的声音笑貌中看出，这晚餐是矮胖子的东道。

🍒 此前三段写第二场闹，四个不愿给人力车夫加钱的"草帽"，为了争着出吃饭的几块银洋而极尽人间丑态，事情的结局是矮胖子做东。

　　作者用了动作描写、神态描写和细节描写，生动传神地再现了四人争着买单的窘态。

　　背后有人叫唤。我旋转身来，看见茶房在问我："先生，夜饭怎样？"我仓皇地答道："我，我吃过了。"他看床前椅子上的一堆香蕉皮，出去了。我不待对面的剧的团圆，便关窗，就寝了。

　　卧后清宵，回想今晚所见的两场闹，第一场是争进八个铜板，第二场是争出几块银洋。人力车夫的咕噜咕噜的声音，和菜馆楼上的杀猪似的声音，在我的回想中对比地响着，直到我睡去。

🍒 末尾以冷静的笔调记录前后两场闹的原因。"咕噜咕噜的声音"的背后是人力车夫的艰辛、不满和无奈，"菜馆楼上的杀猪似的声音"是什么呢？作者没有发表任何言论，只是久久不能入睡，还能说什么呢？谴责四个"草帽"吗？谴责命运吗？还是谴责当时的世道呢？

廿三［1934］年五月十二日

▶ 写作贴士

全文从"我"作为旁观者的角度，记叙了夜宿旅馆见到的两件事：人力车夫争着要四个"草帽"多出车钱而最终屈辱地得到八个铜板；四个"草帽"为了争出几块大洋的饭钱而几乎"大打出手"，最终一人获胜。"八个铜板""几块银洋""汗湿的背脊""一桌的杯盘狼藉"……为何让读者读来有种"朱门酒肉臭，路有冻死骨"的凄怆感呢？

一场闹

1.亲爱的朋友，在你的生活中是否曾见过人们为了某件事而争执的场景呢？细细回忆一番，当时他们的身份是什么样的？争执时，他们的衣着、神态、动作、语言是怎样的？尝试先跟家人或朋友聊一聊，再写一写吧？

2.品读下面刻画人物的段落，试着仿写一段，或者用画笔再现下文中的场景吧。

写一写

　　一个瘦长子正在摆开步位，用一手擒住一个矮胖子的肩，一手拦阻一个穿背心的人的胸，用下颚指点门口，向青衣人连叫着："你去，你去！"被擒的矮胖子一手摸在袋里，竭力挣扎而扑向青衣人的方面去，口中发出一片杀猪似的声音，只听见"不行，不行。"穿背心的人竭力地伸长了的手臂，想把手中的两张钞票递给青衣人，口中连叫着"这里，这里。"好像火车到时车站栅门外拿着招待券接客的旅馆招待员。

可嘆無知己高陽一酒徒

子愷畫

品读完文中的两场闹，试着来叙述下图中的这场"闹"吧！

可叹无知己

高阳一酒徒

_____年_____月_____日

莺萝开花特喤喤喤　朝晨恩哥喊

送考

【题注】本篇曾载 1934 年 10 月《中学生》第 48 号。

今年的早秋，我送一群小学毕业生到杭州来投考中学。

🍒 开篇用一句话交代了时间、地点、人物，点明事件的起因。

这一群小学毕业生中，有我的女儿和我的亲戚、朋友家的儿女，送考的也还有好几个人，父母、亲戚或先生。我名为送考，其实没有什么重要责任，因此我颇有闲散心情，可以旁观他们的投考。

坐船出门的一天，乡间旱象已成。运河两岸，水车同体操队伍一般排列着，咿哑之声不绝于耳。村中农夫全体出席踏水，已种田而未全枯的当然要出席，已种田而已全枯的也要出席，根本没有种田的也要出席；有的车上，连妇人、老太婆和十二三岁的孩子也都出席。这不是平常的灌溉，这是人与自然奋斗！我在船窗中听了这种声音，看了这种情景，不胜感动。但那班投考的孩子们对此如同不闻不见，只管埋头在《升学指导》《初中入学试题汇观》等书中。我喊他们：

"喂！抱佛脚没有用！看这许多人工作！这是百年来未曾见过的状态，大家看！"但他们的眼向两岸看了一看，就回到书上，依旧埋头在书中。后来却提出种种问题来考我：

"穿山甲喜欢吃什么东西？"

"耶稣生时当中国什么朝代？"

"无烟火药是用什么东西制成的？"

"挪威的海岸线长多少哩？"

我全被他们难倒了，一个问题都回答不出来。我装着内行的神气对他们说："这种题目不会考的！"他们都笑起来，伸出一根手指点着我，说："你考不出！你考不出！"我老羞并不成怒，笑着，倚在船窗上吸烟。后来听见他们里面有人在教我："穿山甲喜欢吃蚂蚁的！……"我管自看踏水，不去听他们的话；他们也管自埋头在书中不来睬我，直到舍船登陆。

紧承首段，写去杭州考试的船行途中，孩子们无心看风景，一心复习。即便两岸是乡间大旱时人与自然奋斗的悲壮景象，也无法吸引这群小学毕业生。用大量的语言描写，写孩子们途中复习备考的情形。

船里看春景　春景像画图　临水种桃花　一株当两株

乘进火车里，他们又拿出书来看；到了旅馆里，他们又拿出书来看。一直看到考的前晚。在旅馆里我们遇到了另外几个朋友的儿女，大家同去投考。赴考这一天，我五点钟就被他们吵醒，也就起个早来送他们。许多童男童女，各人携了文具，带了一肚皮"穿山甲喜欢吃蚂蚁"之类的知识，坐黄包车去赴考。有几个十二三岁的女孩，愁容满面地上车，好像被押赴刑场似的，看了真有些可怜。

🍒 略写孩子们在杭州考试的过程。两个"又"字从侧面衬托出考前的紧张氛围，"愁容满面"传达出孩子们对考试担忧的考前状态。

到了晚快，许多孩子活泼地回来了。一进房间就凑作一堆讲话：哪个题目难，哪个题目易；你的答案不错，我的答案错，议论纷纷，沸反盈天。讲了半天，结果有的脸上表示满足，有的脸上表示失望。然而嘴上大家准备不取。男的孩子高声地叫："我横竖不取的！"女的孩子恨恨地说："我取了要死！"

他们每人投考的不止一个学校，有的考二校，有的考三校。大概省立的学校是大家共同投考的。其次，市立的、公立的、私立的、教会的，则各人各选。然而大多数的投考者和送考者观念中，都把杭州的学校这样地排列着高下等第。明知自己的知识不足，算术做不出；明知省立学校难考取，要十个里头取一个，但宁愿多出一块钱的报名费和一张照片，去碰碰运气看。万一考得取，可以爬得高些。省立学校的"省"字仿佛对他们发散着无限的香气。大家讲起了不胜欣羡的。

从考毕到发表的几天之内，投考者之间的空气非常沉闷。有几个女生简直是寝食不安，茶饭无心。他们的胡思梦想在谈话之中反反复复地吐露出来，考得得意的人，有时好像很有把握，在那里探听省立学校的制服的形式了；但有时听见人说："十个人里头取一个，成绩好的不一定统统取"，就忽然心灰意懒，去讨别的学校的招生简章了。考得不得意的人嘴上虽说"取了要死"，但从他们屈指计算发表日期的态度上，可以窥知他们并不绝望。世间不乏侥幸的例，万一取了，他们便是"死而复生"，岂不更加欢喜？然而有时他们忽然觉得这太近于梦想，问过了"发表还有几天"之后，立刻接一句"不关我的事"。

🍒 详写考完后，等待考试结果时孩子们各自矛盾的表现与态度。文中穿插了语言描写、神态描写等，烘托出大家等待结果时紧张的气氛和忐忑不安的心理。

我除了早晚听他们纷纷议论之外，白天统在外面跑，或者访友，或者觅画。省立学校录取案发表的一天，奇巧轮到我同去看榜。我觉得看榜这一刻工夫心情太紧张了，不教他们亲自去看。同时我也不愿意代他们去看，便想出一个调剂紧张的方法来：我和一班学生坐在学校附近一所茶店里了，教他们的先生一个人去看，看了回到茶店里来报告。然而这方法缓和得有限。在先生去了约一刻钟之后，大家眼巴巴地望他回来。有的人伸长了脖子向他的去处张望，有的人跨出门槛去等他。等了好久，那去处就变成了十目所视的地方，凡有来人，必牵惹许多小眼睛的注意，其中穿夏布长衫的人尤加触目惊心，几乎可使他们立起身来。久待不来，那位先生竟无辜地成了他们的冤家对头。有的女学生背地里骂他"死掉了"，有的男学生料他"被公共汽车碾死"。但他到底没有死，终于拖了一件夏布长衫，从那去处慢慢地踱回来了。"回来了，回来了"，一声叫后，全体肃静，许多眼睛集中在他的嘴唇上，听候发落。这数秒间的空气的紧张，是我这支自来水笔所不能描写的啊！

　　🍒 紧承上文，录取结果终于公布了，大家翘首以盼。作者用生动形象的语言，详写等待放榜前一刻孩子们的种种表现。"大家眼巴巴地望他回来。有的人伸长了脖子向他的去处张望，有的人跨出门槛去等他。"运用神

"谁取的""谁不取"，一一从先生的嘴唇上判决下来。他的每一句话好像一个霹雳，我几乎想包耳朵。受到这霹雳的人有的脸色惨白了，有的脸色通红了，有的茫然若失了，有的手足无措了，有的哭了，但没有笑的人。结果是不取的一半，取的一半。我抽了一口大气，开始想法子来安慰哭的人。我胡乱造出些话来把学校骂了一顿，说它办得怎样不好，所以不取并不可惜。不期说过之后，哭的人果然笑了，而满足的人似乎有些怀疑了。我在心中暗笑，孩子们的心，原来是这么脆弱的啊！教他们吃这种霹雳，真是残酷！

蝴蝶来仪

以后在各校录取案发表的时候，我有意回避，不愿再尝那种紧张的滋味。但听说后来的缓和得多，一则因为那些学校被他们认为不好，取不取不足计较；二则小胆儿吓过几回，有些儿麻木了。不久，所有的学生都捞得了一个学校。于是找保人，缴学费，又忙了几天。这时候在旅馆中所听到的谈话，都是"我们的学校长，我们的学校短"的一类话了。但这些"我们"之中，其亲切的程度有差别。大概考取省立学校的人所说的"我们"是亲切的，而且带些骄傲。考不取省立学校而只得进他们所认为不好的学校的人的"我们"，大概说得不亲切些。他们预备下年再去考省立学校。

　　旱灾比我们来时更进步了，归乡水路不通，下火车后须得步行三十里。考取了学校的人都鼓着勇气，跑回家去取行李，雇人挑了，星夜启程跑到火车站，乘车来杭入学。考取省立学校的人尤加起劲，跑路不嫌劳苦，置备入学的用品也不惜金钱。似乎能够考得进去，便有无穷的后望，可以一辈子荣华富贵，吃用不尽似的。

🍒 略写送考事件的尾声，考取的孩子积极准备入学工作，以议论的表达方式收束全文，首尾呼应。

廿三〔1934〕年九月十日于西湖招贤寺

全文按时间顺序，紧紧围绕送考一事，运用了语言、动作、心理、神态等不同的描写手法，将孩子们考前、考中、考后的不同表现和心理刻画得真实可感，引起读者的共鸣。考学，考学，似乎是人们总也绕不开的话题；只是，学业上的考试有尽头，而人生的"考试"永无止境。

一场考试

　　亲爱的朋友，在你的求学生涯中，无论是自己参加考试，还是作为旁观者，大概也经历了大大小小数不清的测试了吧？有没有哪一次的考试让你印象深刻呢？尝试按照考前、考中、考后的顺序，分别采用详写和略写的方式记录下吧。

写一写

你有没有过等待考试结果的经历？当时的心情是怎样的？来描绘下吧！

告诉先生

＿＿＿年＿＿月＿＿日

素材积累

你积累的词语：

令你印象深刻的段落：

最美丽的风景

哪件事情曾经打动过你，画出来吧：

描述一下这件事情：

我周围正在_____

🍒 人物：

🍒 事件描述：

预计会出现的结果：

思维导图

你可以用思维导图画出记事作文的要素：

小试牛刀

（2020·中考北京卷）如果你得到一个神奇的控制器，可以让时间放缓、快进、后退和暂停，你会在什么情况下使用？使用后会发生什么事情？请你以"此刻，我按下时间控制器"为开头，发挥想象，写一篇故事。题目自拟。

要求：

① 文题自选（诗歌除外），不少于600字；

② 书写正确、规范、美观；

③ 表达真情实感，力求有创意，不得套写、抄写；

④ 文中不得出现真实人名、校名、地名。

读完本书，你学到了什么？